赵珩 著

不息的水脉
——大运河讲谈录

中国水利水电出版社
www.waterpub.com.cn
·北京·

图书在版编目（CIP）数据

不息的水脉：大运河讲谈录 / 赵珩著. -- 北京：中国水利水电出版社，2024.1
ISBN 978-7-5226-2083-1

Ⅰ. ①不… Ⅱ. ①赵… Ⅲ. ①大运河－文化研究－中国 Ⅳ. ①K928.42

中国国家版本馆CIP数据核字（2023）第244244号

出版策划：杨庆川	责任编辑：杨元泓	加工编辑：刘铭茗
封面设计：苏 敏	插图绘制：徐 力	

书　　名	不息的水脉——大运河讲谈录 BUXI DE SHUIMAI——DA YUNHE JIANGTAN LU
作　　者	赵珩 著
出版发行	中国水利水电出版社 （北京市海淀区玉渊潭南路1号D座　100038） 网址：www.waterpub.com.cn E-mail：mchannel@263.net（答疑） 　　　　sales@mwr.gov.cn 电话：（010）68545888（营销中心）、82562819（组稿）
经　　售	北京科水图书销售有限公司 电话：（010）68545874、63202643 全国各地新华书店和相关出版物销售网点
排　　版	北京万水电子信息有限公司
印　　刷	三河市德贤弘印务有限公司
规　　格	130mm×180mm　32开本　8.5印张　127千字
版　　次	2024年1月第1版　2024年1月第1次印刷
定　　价	59.00元

凡购买我社图书，如有缺页、倒页、脱页的，本社营销中心负责调换
版权所有·侵权必究

序

赵珩兄嘱我为他的新作写序,让我诚惶诚恐。无论是年龄还是学识,我是没有资格承担这样的重托的,但是,兄长已经开口,我又不敢推辞。

我和赵珩兄相识已经逾越三十年,几乎每年春节前后都要聚餐成为很长时间的常态,赵兄深厚的文化底蕴是从基因中传承而来,我们初识之时就送我他的墨宝,进而他的大作都送我珍存,特别是他的"老饕"系列,让我边读边垂涎,曾恳求到他府上实际体会一下带有传奇色彩的佳馔,赵兄也一再承诺,时至今日仍未实现,借此,也留下此账。我们聚会期间,赵兄的保留节目是他用河套方言讲述的一段"盲流"故事,惟妙惟肖,让人忍俊不禁,这是赵兄作为严肃文人学者不为人知的一个侧面。时光飞逝,我们都到了含饴弄孙的年纪,常态的聚会变成回顾与惦念。前些日子偶然听说赵兄贵体欠安,我要去探望,后被告知早已康复,现又有新作问世,可喜可贺!

赵兄的这部新作与运河有关,那就让我以正在编纂的《大运河文化大辞典》专家组组长的身份做个特别推介吧。

说到中国的大运河，如何估价都难以完整地概况它的地位与影响。千百年来，大运河作为文化和自然遗产资源的结合体，在政治、经济、文化、社会等多方面都发挥着难以替代的作用，特别是京杭大运河以政治国脉、历史文脉、经济动脉、社会命脉和生态水脉紧紧地与中华文化的传承结合在了一起。我们现在更愿意以宏大叙事的方式来展现它的容貌，其实，有着几千年历史的运河现在不仅仍旧呈现着它的活态形式，依然发挥着它的固有作用，而且，它所带来的各种形态与普通民众的衣食住行生活点滴亲密相连。大运河的魅力不仅是历史的，还是现实的。赵兄的这部新作《不息的水脉——大运河讲谈录》就是这样的一部让我们用文字感受生生不息的大运河读本，在娓娓道来中让我们体会到属于世界全人类遗产的运河与我们如此之近、如此之亲密，让我们似乎可以触摸，又可以如此地玩味，甚至可以戏耍，也许这就是一位有文化底蕴的我的兄长的著述风格。

我读这部新作，体会到赵兄似乎有祖上留下的严肃治史的风范，言之有据的考据以及下笔严谨的风格，有专文涉猎文从史出的故实——"《东京梦华录》和《清明上河图》""谈迁和他的《北游录》"，更多的是引经据典的自然流露与表白，他可以这样写："扬州这个地方自古繁华，那句'腰缠十万贯,骑鹤上扬州'的俗语出自南朝梁文学家殷芸的《殷芸小说·吴蜀人》";说到清炒虾仁,红烧狮子头,"一方面从敬献皇帝的贡品清单上看出端倪,另一方面也可从爱新觉罗·浩女士《食在宫廷》一书中得到佐证",这似乎都是信手拈来,轻松中体会严肃认真的治学精神。

我读这部新作,又找到读"老饕"系列的感觉。"饮食北京"说的是运河给北京带来的饮食特色,是从理念的灌输,而"天下美食数淮安"就开始细数老饕笔下的诱人菜肴,让我们复习了一下淮安菜系的烧鳝段、马鞍桥、炝虎尾、响油鳝糊、炒鳝丝、炖生敲……还有专篇逗人馋虫的"镇江不止有鲥鱼""长江三鲜""姑苏羊肉姑苏面""平湖糟蛋""临安春笋""东坡肉与门板饭"。这些细节描写"刀鱼面是先将刀鱼去鳞、鳃和内脏,切块儿在热油里炒成鱼松状,再在鸡汤里煮,过滤后调成白汁下面,面要煮得恰到好处,刀鱼汁要浓郁而不黏,那叫一个鲜美无方比",似乎在教授我们如何掌握美味的制作,也似乎身临其境品尝到了这道美味。

我读这部新作,对中国的传统戏剧加深了印象。与运河文化关联的戏剧形式借助于源远流长的运河水而传播,同时融入了运河沿线的文化元素,"北曲与南戏""苏州昆曲""同光十三绝"生动记述了这些戏剧艺术的特色,而作者的记述角度让人耳目一新,就艺术的流行提出了自己的独道见解:"很多东西都是互相交流的,弋阳腔发源于江西,从江西北上后吸取了一些北方声腔的元素,最后也变成了北方声腔,但是并不能代表北方流行的高腔。梆子也不仅仅局限于西部,也有安庆梆子,其他地区诸如山东、淮北、徐州都有自己的梆子戏……山东的梆子戏也往南走"。

我读这部新作,似乎有身临其境的感觉。作者以世界运河的介绍作为铺垫,又由北而南带我们行走在运河间,诉说运河的过往;又像是一位导游告诉我们哪里是网红打卡地。"记忆里的观前街"以三次来到苏州,通过街、店、食为我们展示了历史的痕迹与变迁。"古渡、古城、古纤道"以及记述中的运河沿线的名塔故事,是体会运河文化不可错过的地方,似乎可以体会作者的所思所想所念。

我读这部新作,也由衷地钦佩策划出版这部著作的出版单位,选择赵兄以这样的文笔将宏大叙事点滴入微,是讲好大运河故事的有益尝试。

期待着赵兄笔耕不息,有更多新作问世。

2023年10月草于三星斋

前　　言

《不息的水脉——大运河讲谈录》即将由中国水利水电出版社出版，在此，想就这本小书的出版情况写几句前面的话。

2022年的春天，中国水利水电出版社的副总编杨庆川女士和汪敏先生在中华文化促进会美食工作委员会宋跃会长的陪同下，来我家里谈京杭大运河的话题，我们谈得非常愉快。我18岁时曾第一次走过京杭大运河苏杭段，几十年来由于工作和自己的爱好，又曾无数次走过京杭大运河的山东段、苏北段、江南段，对于京杭大运河有着特殊的感情与认识，所以谈起来如数家珍。此后，杨总他们几位又两三次来我家，话题愈谈愈多，内容自然也都是大运河的历史文化。

我对大运河治河的学问不太了解，仅仅是通过所知的历史文献和自己的生活经历谈运河，但是他们几位对此都很感兴趣，聊的内容，既有关于大运河的形成历史与变迁，也有沿岸的风光、人文、美食与文化，涉及范围十分广泛。于是，他们几位就提出让我做一次关于大运河的讲座。虽然对于我来说，将零散知识组织成系统并非容易，但在他们的鼓励和督促下，也只能勉为其难。最后商定这个系列讲座共分为三讲，即"古今千里一通波——大运河的历史与形成""笙歌流韵一线牵——大运河的文学与艺术"和"南北食风枕河殊——大运河的美食文化"。

根据我历来讲座的习惯，从来没有讲稿，仅是粗略作了提纲，然后经过汪敏先生细致的工作，完成了三个讲座的课件。

疫情三年，2022年下半年一直是十分紧张的阶段，几乎所有的线下讲座都很难举行。但是，在杨总和宋会长的奔走下，联系了首都图书馆、北京燕山出版社和几家文博单位通力合作，居然获准于7月30日、31日和8月1日连续在首都图书馆做了三天大运河讲座，并特批线下不超过50人的规模，这确实已经是很特殊的待遇了。这三天的系列讲座得到了各有关方面的支持和帮助，进行了网络现场直播，最高时线上听众达到50万人，讲座最后一天结束后北京电视台还采访了我，并于当晚播报。这些都是始料未及的效果。

讲座结束后，杨总希望将这个系列讲座整理成书，这令我十分感动，但也十分为难，因为讲座本没有讲稿，又是漫谈性质，仅有根据录音的未整理稿，加之我手头的工作也有很多，实在是没有精力完成杨总的任务。于是，这项工作就委托汪敏先生代为完成。

汪敏先生学养深厚，是位严谨的人，虽然他常常自谦称自己就是位"理工男"，但在我与他的接触中，深感他不仅对水利工程有着很强的专业知识，涉猎和兴趣其实也十分广泛，是完全能胜任此项工作的人选。

汪敏先生大约在三个多月的时间中，以讲座录音为基础，参阅了我曾出版过的几本小书和以往的讲座，对目前这个系列进行了串联与加工。在此过程中，又补充了大量的史料和文献，极其细致地进行了加工整理，花费了大量的时间与精力，才完成了目前这个"讲谈录"。这一过程令我十分感动与钦佩，也更服膺他的严谨态度。应该说，没有汪敏先生的辛勤劳动，这本小书是不可能面世的。在此，谨对汪敏先生致以真挚的谢忱。

大运河从邗沟的开凿起，经历了两千多年不断的改道、延伸、淤塞、疏浚，反映着我们祖国生生不息的历史，维系着南北经济的发展，承载着优秀文化的繁荣。她是世界上历史最悠久的运河，也是世界上最长的运河，她是中华民族的骄傲，是可与万里长城相提并论的遗产。两千多年来，她是我国东部地区的生存命脉，也是贯穿南北交通和文化的纽带。这一人工水脉，串联了多处自然水系和湖泊，是自然和人工最巧妙的结合，不仅历史如此，今天也是南水北调运作下的伟大工程。她的历史作用和现实价值也会永远不息。

由于笔者水平所限，又非水利专业，书中肯定存在不少疏谬，仅希望能借此书引起读者对大运河的一点兴趣和关注而已。能如此，也就是完成我的一点初衷了。

2022 年岁杪

目　录

序

前言

古今千里一通波——大运河的历史与形成

天下运河 3

运河到底有多长 7

沟渎渠河 11

水利的智慧 17

塔镇水，河映桥 23

栖于岸旁，行在水上 27

古渡古城古纤道 34

漕运的运转 40

粮仓和钞关 45

从汴梁到临安 49

积水潭和大通桥 54

笙歌流韵一线牵——大运河的文学与艺术

朱仙镇、桃花坞和杨柳青 61

《东京梦华录》和《清明上河图》 65

北曲和南戏 72

元四家和吴门画派 77

文学繁荣的源泉 83

谈迁和他的《北游录》 92

苏州昆曲 96

魏良辅和梁辰鱼 102

同光十三绝 110

运河未散,漕运曲终 115

一路向南去扬州 121

南北食风枕河殊——大运河的美食文化

饮食北京 136

先有三岔口,后有天津卫 151

济宁是个大码头 156

天下美食数淮安 161

烟花三月	167
扬州三春	175
杏花春雨话冶春	182
镇江不止有鲥鱼	186
长江三鲜	191
记忆里的观前街	198
姑苏羊肉姑苏面	203
小憩湖州	207
平湖糟蛋	216
临安春笋	219
食风枕河殊	228
宋嫂鱼羹的故事	241
东坡肉和门板饭	246

手绘图索引

后记

古今千里一通波
——大运河的历史与形成

大运河是世界上最长的人工运河。

大运河是可与长城媲美的、举世瞩目的伟大工程。

大运河凝结了古代中国人民的勤劳与智慧。

大运河是贯穿古代南北经济的大动脉。

天下运河

我大概是在小学的时候,读过《诗经》,诗经的《国风·魏风·伐檀》里有一句话"坎坎伐檀兮,置之河之干兮",这是什么意思?这是说砍下来的树要放在河道的旁边,砍下的树为什么要放在河道旁边呢?这实际上就是先人要用河水来运送砍下来的树木,把它们送到指定的地方。但是当时运送能力非常有限,需要根据水势的大小、水流的方向才能做到,并不都能尽如人意。这说明,上古的先民们很早就知道利用水来运送东西,这种能运送东西的水,指的就是河流。河流有自然的,天上下雨汇集而成的;也有人工的,靠人开凿出来的,专门用来运送东西或者运送人的河流就叫"运河"。

讲到运河,地球上的运河大大小小有500多条,它们都有一些共同的特性:一是运河由人工开挖;二是开挖的主要目的是为了通航,也包括供水、灌溉、分洪排涝。世界上有很多非常出名的运河,比如大家比较熟悉的苏伊士运河。苏伊士运河位于亚洲和非洲的连接处,也可以说是亚洲和非洲的分界线。苏伊士运河是沟通红海与地中海之间的一个水上通道,它的历史很悠久,虽然近代是从1858年开凿,到1869年开通,但古代的开凿一直可以追溯到古埃及第十二王朝,时间是公元前2000年到公元前1786年,推算下来,距今也有4000多年了。苏伊士运河时通时瘀,时开时不开,由于各国的政治原因和经济利益,围绕苏伊士运河的控制权的争夺直到1956年埃及宣布运河收归国有,才算最终落幕。

另外一条和苏伊士运河相仿的是巴拿马运河,它连接了大西洋与太平洋,和苏伊士运河一样,也是一条重要的国际航运要道,每年差不多有14000艘船舶通过这条运河。

除了上述两条位于海洋之间的运河外,世界上一些内陆运河也比较出名,比如美国的伊利运河。伊利运河开凿距今已有206年的历史,它是一条从美国东海岸通向美国西部内陆的运河,它把北美五大湖和纽约港连通了起来,这对美国西部的开发有着非常重要的作用。伊利运河的开通,极大地减少了运输的成本,减少到什么程度呢?打个比方,运送一箱货物原来需要10美元，有了伊利运河以后，运输成本节省了85%，也就是花1.5美元就可以把一箱货物运到相同的目的地。伊利运河于1825年通航，到1882年取消通行费时，它的收入已经足够支付运河几条支线的建设费用。美国伊利运河开通的时候，美国刚刚建国50年，美国西部的发展较东部晚一些，伊利运河的通航对于西部经济的发展和人口的增多起到了极其重要的作用，美国中西部的快速工业化、五大湖工业区和城市带的形成，和伊利运河的开通是分不开的。另一方面，伊利运河的通航导致了纽约市人口的爆炸式增长，从1820年的12.4万人上升到1860年的108万人。

运河不能是无源之水，所有的运河的水源都来自于自然水域。伊利运河穿过了美国境内很多自然水域，密西西比河等这些自然水域都给伊利运河提供了水源。

还有一条和苏伊士运河、巴拿马运河齐名的运河名叫基尔运河，因为它沟通了北海和波罗的海，也叫北海—波罗的海运河。基尔运河在德国境内，波罗的海沿岸9个国家的船只进出波罗的海，90%都要通过基尔运河。

还有一些与众不同的运河，比如土库曼斯坦境内的卡拉

库姆运河,始建于苏联时期的1950年,直到1990年才通航,堪称人类历史上最逆天的调水工程之一,因为当时苏联雄心勃勃地想在土库曼实现"棉花计划"。法国的两海运河,由米迪运河和加龙运河组成,也叫米迪—加龙运河,将大西洋和地中海连通,是现在欧洲最长的运河。其中米迪运河由法国国王路易十四于17世纪下令修建,长达240公里,而加龙运河修建于19世纪,长达190公里。

有人说,世界上最美的运河要数欧洲东中部德国境内从莱茵河到多瑙河之间的运河(莱茵河—美因河—多瑙河运河),很荣幸的是,我走过这条运河的其中一段。

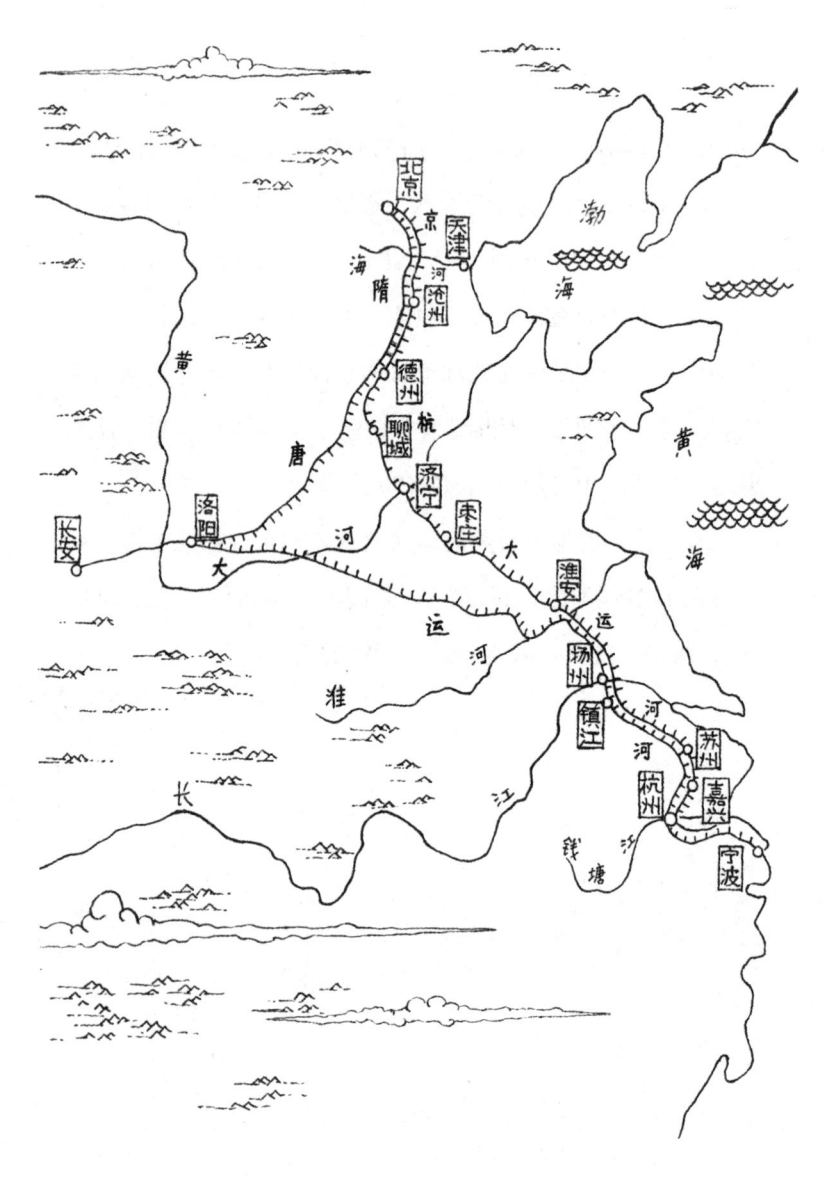

中国大运河历史分段示意图

运河到底有多长

前文提到的那些运河到底有多长呢？苏伊士运河的河道长度是193公里，巴拿马运河比苏伊士运河要短一些，只有82公里，这个距离是从加勒比海深水端开凿到太平洋深水端的长度，关于巴拿马运河长度的另一种说法是65公里，那是两端海岸线之间的长度。北海—波罗的海运河长度是98公里，伏尔加—顿河运河长101公里，相比之下，伊利运河就要长得多，长达584公里。"世界上最美的运河"——莱茵河—美因河—多瑙河运河，全长171公里。还有卡拉库姆运河，虽然不太知名，但它长达1400公里，比绝大部分知名的运河都长多了，而且这条运河的主要用途不是航运，而是农业灌溉。尽管卡拉库姆运河长达千里，但在世界运河长度的排名榜上，仍然没有占据"头牌"，"头牌"是中国大运河，它是苏伊士运河长度的10倍，是巴拿马运河长度的21倍，比这两条运河的开凿时间早出2000多年。

中国大运河简称"大运河",它包含了三大部分,第一部分是京杭大运河,第二部分是隋唐大运河,第三部分是浙东运河。大运河在 2014 年被联合国教科文组织列入《世界遗产名录》。

京杭大运河南自余杭郡(今天的杭州),北到涿郡(今天的北京),全长 1794 公里。京杭大运河定型在元代,因为元代定都在元大都(今天的北京),意味着整个政治中心在元大都,要确保政治中心所有的粮食供应、维护政权的稳定,就离不开一个"南粮北运"。利用河道,不管是自然河流还是人工河流(运河)来运送粮食,就是漕运。《说文》中这样解释"漕"字:"漕,水转谷也。"即通过水路转运粮食。元代新修了通惠河,开凿了济州河和会通河,到 1293 年元代大运河全线通航,漕运的粮船由杭州路等直达元大都,这也就是今天京杭大运河的前身。今天一说大运河,可以记住三个数字,第一个数字是 2500,第二个数字是 1700,第三个数字是 3200。2500 是中国大运河开凿的历史,大运河开凿于春秋,完成于隋,繁荣于唐宋,取直于元,疏通于明清,距今已经有 2500 年的历史了;1700 是京杭大运河的长度

（公里数取整是方便记忆），它跨越海河、黄河、淮河、长江和钱塘江五大水系；3200是大运河的全长，是目前世界上距离最长、规模最大的运河。这样三个数字就在时间和空间上勾勒出大运河一个整体的概念。

隋唐大运河以洛阳为中心，北由永济渠通往涿郡，南由通济渠通往余杭，全长2700公里。今天说起大运河，有的说跨越6个省市，有的说8个省市，这是因为京杭大运河跨越了北京、天津、河北、山东、江苏、浙江6个省市；而跨越8个省市的其实是隋唐大运河，另外两个省是河南和安徽。

浙东运河也叫杭甬运河，西起临安（今天的杭州），东至明州（今天的宁波），全长239公里。浙东运河和海上丝绸之路是有密切关系的，因为所有朝贡的使臣，不能随便进入中国，到中国登陆的地方只有宁波，比如日本、东南亚的使臣，包括琉球、吕宋（今天的菲律宾）、爪哇和苏门答腊（今天的印度尼西亚）、暹罗（今天的泰国）和安南（今天的越南）、真腊（今天的柬埔寨）、沙巴和沙捞越（今天的马来西亚），这些国家的使臣和商人都要从宁波登陆，在宁波相当于设有海关以及签证处，登陆者获得签证才可以入境，接着坐船顺着运河,一直北上到京城。

今天京杭大运河被逐一分段,它们是:通惠河、北运河、南运河、会通河、中运河、淮阳运河(也叫里运河)、江南运河和浙东运河。如果从时间轴上寻找,隋唐大运河的永济渠可以溯源到隋唐;通济渠可以溯源到战国的鸿沟。而京杭大运河的南运河溯源到东汉的白沟,淮扬运河溯源到春秋的邗沟,时间是公元前486年;而浙东运河更早一点,时间是公元前490年,前身是春秋时期的山阴故水道。

那么运河到底是从南向北流,还是从北向南流呢?正确的答案应该是,有的地段运河是从北向南流,有的地段是从南向北流,比如北运河、南运河,山东段的会通河都是从北向南流;但在宿迁、淮安这一段,包括里运河,实际上是从南向北流。这是为什么呢?关键在于运河上的船是依靠水来航行的,运河上的水是靠着船闸来调节的,没有几十个到上百个坝和闸,它是不可能行船的,船闸起到的就是调节水位的作用。明末清初史学家谈迁在他的《北游录》描述乘船在大运河北上,经过台儿庄河段时就先后遇到:台儿庄闸、候仙闸、顿庄闸、丁家庙闸、范庄闸(又叫万年庄闸)、巨梁桥闸、新闸、韩庄闸。

沟渎渠河

大运河是由一段又一段的河段无缝连接起来的水路，有些河段在不同的朝代或者时期有不同的名字，比如今天的南运河，在隋唐时期叫做永济渠，在宋元时期叫做御河，明清时期叫做卫河。同样是指运河，用的汉字也可能不一样，最常见的字有"沟""渎""渠""河"。

最早的运河用"沟"，比如邗沟、鸿沟和白沟。现在公认的是京杭大运河最早的一段是邗沟，是由吴王夫差在春秋时期开凿的一段运河。当然关于哪个是整个运河最早的一段，学界也有不同的看法。著名的历史地理学家史念海先生曾经有一本书叫《中国的运河》，其中史先生就提出一个观点：邗沟并不是最早的运河，他认为最早的运河是在先秦时期楚国汉江平原上的湖泊群，这个湖泊群叫云梦大泽，也叫云梦水系。这个水系在司马迁的《史记》里没有太多记载。

但是对于邗沟的开凿，史记等历史书都有明确的记载，所以现在就认定邗沟是最早的一段运河。邗沟的开凿是在春秋末期，春秋、战国是两个不同的概念和不同的历史，它的分界在周威烈王二十三年，也就是在公元前403年。自从韩赵魏三家分晋以后，春秋时代结束，战国时代开始。那么吴王夫差为什么要开凿邗沟呢？在今天扬州北边有个地方叫蜀冈，吴王夫差从蜀冈开凿了一条河道直通到淮河，这就是邗沟。当时邗沟这个地方有个邗城，今天已经不复存在了。吴国把邗沟和淮河连接起来的目的是对齐国用兵。春秋战国时期，齐鲁大地的鲁国在今天山东的西部，齐国在山东的东部，吴国在今天的江苏，吴国当时一心想灭齐国，打算利用自己水军的优势开河、造船、运送军粮。邗沟就成为大运河最早开凿且用于军事的河段。运河用于军事，第一次是邗沟的开凿，距今已经2500多年了。邗沟第二次用于军事，是元灭南宋，很多蒙古兵就是坐船到达淮安前线的。到了公元605年，隋炀帝疏浚了邗沟，用来行船，名字也改称山阳渎，"渎"的意思还是水沟，再后来名字又演变成今天的淮扬运河。

到了战国时期，三家分晋，韩国、赵国、魏国都从原来

的晋国分裂出来，魏国第三代国君魏惠王，把国都从魏国的安邑（今天的山西夏县）搬到了大梁（今天开封的西北部），建立了梁国，所以魏惠王也经常被称为梁惠王。虽然梁惠王是一个在历史上很有争议的人物，但是他做了一件大事——迁都到大梁以后，开凿了一条运河叫鸿沟，这条鸿沟从北方的开封附近开始往东南走，一直通达淮河，这样就和淮河相连接。大运河跨越了五大水系，其中对于大运河来说非常重要的河段就是淮河段。实际上鸿沟更多的目的也是作为军事作用，或者说，它的军事作用远远大于它的经济作用。

大运河河段有很多名字用到"渠"，比如永济渠、通济渠、广通渠、广济渠等，但最早出现"渠"字的运河应该是平虏渠，平虏渠是曹操于公元206年为了征讨乌桓，保证军粮供给开凿的，它也是一条用于军事的运河。

说到以"渠"命名的运河，不能不提汉代的漕渠，它是由汉武帝在关中开凿的西起长安、东通黄河的运河，始建时间是公元前129年。漕渠是中国古代开发和利用运河的又一个重要例证。名字里的"漕"字表明了它具有漕运目的，另一个"渠"字表明它是一个水道，漕渠既有通航功能，也有向首都供水和解决关中土地灌溉需求等多重用途。到了隋唐时期，凡具有漕运功能的运河也叫做漕渠，同时"河"字已不再是黄河的专称，用于漕运的河流也叫"漕河"。

另一个以"渠"命名的例证是秦代的灵渠，通航的时间是公元前214年，从湖南到广西，它打通了湘桂之间的水路交通，用更加宏大叙事的语言来表述，就是灵渠沟通了中国长江水系和珠江水系。

当然，"河"字在大运河的名字里出现最多，除了用于今天运河分段的名字外，金代的"闸河"、宋代的"御河"、明代的"卫河"、清代的"中河"都曾经是大运河的河段。运河的名称从沟到渠、漕渠、漕河，再到运河、运粮河、大运河，经历了由区域到跨区域、由专有名称到统一名称再回到专有名称的不同阶段。

沟和渠都可能是运河，渠还可大可小。比如内蒙古的河套地区一直有一种说法，"黄河百害，唯富一套"，说的是黄河泛滥成灾，祸及天下，却唯一让河套地区受益。河套地区在贺兰山以东、吕梁山以西、阴山以南、长城以北所圈定的区域里，这个地区的水渠渠系像一张水网。这个渠系的走向

不是笔直的，更像个套子，一个网兜式套子。我去过内蒙古河套地区，考察过那个渠系，那里基本上不会涝，主要是旱。千百年来河套人利用黄河的河道，开挖了很多渠道，这些渠道分为干渠、分渠、支渠和毛渠，毛渠在水网的末端，起到向农田输水的灌溉作用。毛渠很细，像人的血管似的，人有动脉血管、静脉血管及其分支血管，毛渠就是渠系的一种"毛细血管"。河套渠系引黄灌溉，使得当地土地比较肥美、农牧业发达，难怪河套平原被誉为"塞上江南"。

渠可以灌溉，也可以分洪排涝或给水，但可灌溉的渠不一定是运河，比如河套的渠系，不论干渠、分渠，还是支渠、毛渠都不是运河。运河最重要的用途是行船，行船是为了运送货物，当运送货物以官粮为主的时候，船就叫漕船，河就叫漕河，比如隋唐大运河的永济渠和通济渠都是漕渠，而不是普通的水渠。

隋唐是大运河一个重要的历史节点，隋唐以前是秦、两汉和魏晋南北朝。在魏晋南北朝时期，北魏从平城（今天的大同）迁都到洛阳，虽然当时很强盛，但是没有做运河的保护和疏浚工作，所以北方很多运河都淤塞了。隋朝只有两个皇帝，隋文帝杨坚和隋炀帝杨广，到了隋朝大业二年，隋炀帝利用原来的漕渠以及分布在各地的短途运河，再度开凿运河，将洛阳和京杭大运河连上。其中最重要的是两条运河，一条是通济渠，公元605年3月开凿，自洛阳出黄河，经鸿沟到达今天的淮安，与淮河连通，同年8月完工；另一条是永济渠，公元608年开凿，自洛阳经山东临清北上通往涿郡。到了公元610年，隋炀帝继续开凿通济渠，打通了润州（今天的镇江）到余杭郡的航道，这样，以洛阳为中心，通过通济渠、永济渠两大人工河渠，沟通了海河、黄河、淮河、长江、钱塘江五大自然水系，贯穿南北的隋唐大运河从此全线贯通。

　　从地图上看，有人说这两条河渠像燕子的一对翅膀，也有人把隋唐大运河形容为"人"字形运河，不管如何形容，通济渠和永济渠实际上就是后来京杭大运河的基础。隋炀帝曾几次乘着龙舟下扬州，很多人说因为他奢靡无度，喜欢到南方巡游，其实不完全是这个原因。实际上隋炀帝并不完全是纯粹的享乐，他南巡到达江都，宣布大赦江淮以南，免除扬州租赋五年，为再度征伐高丽作积极的准备，巩固了自己的统治，并向南方宣示隋朝的大一统。

水利的智慧

有一件事情我至今记忆非常深刻,上小学的时候,我们的老校长将近 60 岁了,每当我们准备要去春游的时候,老校长都要讲这样一句话,"你们现在太幸福了,春游可以上北海和颐和园,这些地方我小时候都不让进的"。他还说,"我小时候也上国立小学,也有春游,可我们的春游只上二闸"。所以在我小时候印象中老有"二闸"这么个地方,老是在想这个二闸到底是怎样一个好玩的地方呢?

实际上,老校长说的二闸就在京杭大运河通州河段上,这一段运河两侧,岸柳成行,从春末夏初起一直到秋天,都有沿河的小船,可以乘船行驶,两岸都有支着白布棚子的茶棚,卖一些吃食或者茶水,也可以在树荫底下乘凉。二闸便成了当时国立小学的学生们春游时唯一能去的地方,因为那时北海和颐和园还属于皇家私人园林和行宫,它们分别在

1925年和1914年才对外开放。20世纪七八十年代，我终于去了一次二闸，遗憾的是那地方已经完全找不到当年老校长描绘的样子。

闸是一种拦住水流的门，随时可以打开或者关闭，比如水闸、船闸、涵闸。在一条人工开挖用来行船的河流上，闸是必不可少的，大运河更是如此。为了让从江南过来的漕船到达通州后能直接进入元大都，元代的郭守敬在这两点之间开凿了通惠河，为了让漕船能够从低水位的通州顺利驶入到高水位的大都城，郭守敬在通惠河上设计并修建了24道水闸。到了明代永乐年间，新建成的北京城截断了元代通惠河，从通州大运河码头张家湾通过通惠河驶入京城的漕船先抵达东便门外的大通桥，再陆运入仓。等到漕船卸载后原路返回，出东便门的第一道闸叫庆丰上闸。明代英宗年间，在通惠河庆丰上闸上游又增建了一道闸，叫大通桥闸，这样庆丰上闸就变成了第二道闸，民间俗称"二闸"，也就是我的老校长小时候春游所去之处。

除了通惠河上的24闸外，京杭大运河比较著名的河闸，还有北运河上的红庙金门闸、沧州捷地分洪闸、枣庄台庄闸、

淮安清江闸和镇江京口闸（遗址）。

从北到南一路过去，大运河上还有很多人工修建的构筑物，它们的名字叫水坝、水柜、水利枢纽，现代专业术语叫水利工程建筑物。运河上这些由古今治水先贤和工匠们设计与建造的构筑物，无不浸透着水利匠人们的超凡智慧。

大运河上著名的水坝有谢家坝和戴村坝。沧州谢家坝因坝体坡面采用糯米浆、黄土和石灰混合成的"古代混凝土"夯筑而成，号称"糯米大坝"。泰安戴村坝集玲珑坝、乱石坝、滚水坝于一身，三位一体，本身又是南旺分水枢纽不可分割的组成部分。济宁还有一座金口坝，"金口"二字是因为坝体石块之间用金属铁钩相扣。这座坝位于泗河，虽然不在运河上，但经过元代修整后，在交通、灌溉、防洪、蓄水之外又增加了"济运"功能，即可以向运河输水。

"水柜"是古人对水库的另一种很形象的叫法。大运河会通河段两侧有一连串水柜，分别是"北五湖"和"南四湖"。这些水柜在运河丰水时蓄水入"柜"，遇运河枯水时就放"柜"水补运河。实际上，京杭大运河两端的昆明湖和西湖，也可以看作是水柜。

大运河上还有三处水利枢纽名扬天下，它们分别是德州四女寺枢纽、济宁南旺分水枢纽、淮安清口枢纽。分洪是运河的功能之一，做法是在运河沿途设置一些"减河"，顾名思义，减河是为了分泄汛期时运河超额的洪水。四女寺枢纽前身是一座上闸口，明清两代经历淤废重建，建后再废，废后又建，修过减水闸也建过滚水坝，目的就是要减免洪水侵扰南运河。

南旺分水枢纽设计和修建的故事，就比较惊心动魄又引人入胜了，从头到尾可以写本书，故事人物上有明代工部尚书宋礼，下有民间水利专家白英。南旺在京杭大运河的最高点，史称为大运河的"水脊"，整个枢纽包括堤坝、引河、水闸和水柜等一系列水利工程，即便用现代工程标准来看，也是大运河上技术含量最高的水利枢纽。民间流传"七分朝天子，三分下江南"，说的正是南旺分水枢纽。清代画家汪春泉为清代江南河道总督完颜麟庆编著《鸿雪因缘图记》，所绘制的插图《分水观汶》，画面表现的正是小汶河引入南旺分水枢纽后再汇入运河的场景。

最后来看看淮安清口水利枢纽。淮安是大运河上一处重镇，运河、旧黄河、淮河三条河流在此交汇，黄河夺淮，泥沙俱下，治水就变得异常复杂，治黄、治淮还要兼顾治运。到 2013 年，考古工作者完成了对淮安清口长达 5 年的考古发掘，发现明清两代在清口枢纽留下庞大又复杂的综合遗存，成为包括河道、湖泊以及坝、堰、堤、闸等在内的枢纽工程组群，这其中，明代的潘季驯和清代的靳辅这两位河道总督为清口枢纽的治沙、防洪、保漕所奉献出的水利智慧，令人叹为观止。

通州燃灯塔图

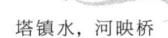

塔镇水，河映桥

北京通州和运河最相关的标志性建筑物应该是燃灯佛舍利塔，俗称燃灯塔，清代诗人王维珍在《文昌阁十二景·古塔凌云》里对燃灯塔以及通州运河的繁忙有过生动的描写："无恙蒲帆新雨后，一枝塔影认通州"。至于燃灯塔什么时候修建的，历来众说纷纭，有的认为它建于隋唐时期，也有说的更早一点，认为在北周时期。要知道，北周和后周可完全是两个概念，北周讲的是南北朝，南朝是宋齐梁陈，北朝是北魏、东魏、西魏、北齐、北周；后周是讲的五代，是梁唐晋汉周的最后一个王朝，所以时间上北周和后周是两个概念，中间隔着好几百年。现在有的考证认为燃灯塔最早建于北周时期，那就在隋唐之前，但是依据都不十分充分。今天看到的燃灯塔应该说是屡建屡毁、屡毁屡建的结果，基本上是清代康熙时重建的。通常，塔由三部分组成的，塔基、塔身和最顶上的塔刹，燃灯塔的塔刹在1976年唐山地震中被损坏了，后来经过了重新修复，但塔基和塔身基本上是康熙时代的。燃灯塔和运河的航行有着密切的关系，从天津到北京的这一段的北运河地势是很低的，北运河最低的地方海拔只有8米，三四里之外的行船唯一能看到的就是燃灯塔顶端的塔刹，所以通州燃灯塔是运河导航的地标。燃灯塔是一座八角形的密檐式砖塔，塔身里面是实心的，整个塔是砖石结构而不是砖木结构，底下建有须弥座。关于燃灯塔的传说，有一个版本说它具有"镇水"之神威，全塔镶嵌砖雕佛像四百余座，百佛之塔，多神护持，显示了佛性神圣，为"宝塔镇河妖"的民间说法增加了一份注解。

无独有偶，在大运河南端的杭州，北宋开宝三年（970年），吴越王钱弘俶建造六和塔之初，也有祈福塔上诸佛"镇静山川，调伏魔境"，镇压钱塘江江潮的期望。同样，六和塔在初建时在塔身上装点了明灯，为钱塘江上往来的船只引航明向。山东临清的舍利塔也很有名，那是一座仿木结构阁楼式砖塔，建造于明代万历年间，今天依然存在。扬州宝塔湾的文峰塔也在大运河畔，也建造于万历年间，文峰塔在文峰寺内，七层八面，西临运河，塔上灯龛，也成为了运河的航标。

通州的燃灯塔、临清的舍利塔、扬州的文峰塔和杭州的六和塔，可以说是整个运河沿岸上最著名的四大名塔。

见证和记录运河历史的建筑，除了岸边的塔，还有水上的桥。一条大河通南北，南北都有"第一桥"。在"第一桥"的长长名单上，从南向北数，杭州拱宸桥和广济桥、嘉兴长虹桥、苏州宝带桥、无锡清名桥、常州西仓桥、扬州通扬桥、镇江虎踞桥、北京万宁桥和永通桥。这些桥梁在连通古今的时空对话中，在悠悠烟水的倒映下，娓娓道来运河的前世今生。

运河古桥，各有千秋，不乏惊艳。杭州广济桥是大运河上仅存的一座七孔石拱桥，桥长78余米，中间四个桥墩两面还守有八个镇水兽石。北京永通桥又叫八里庄桥，横跨在通州到京城的通惠河上，与永定河上的卢沟桥、温榆河上的朝宗桥并称为北京三大古桥。这些运河之桥中，桥龄最大、跨度最长的是苏州宝带桥，始建于唐元和十一年（816年），全桥长达317米，乾隆南巡路过苏州，留有诗句"金阊清晓放舟行，宝带春风波漾轻"。杭州拱宸桥和北京万宁桥分别在运河南北两个端点，明代拱宸桥建于1631年，是京杭大运河终点的标志，元代万宁桥建于1258年，原为木制，明代改建为汉白玉石栏的单孔石拱桥，明代诗人张羽《燕山春暮》里"金水桥边蜀鸟啼，玉泉山下柳花飞。"说的不是故宫里的金水桥，而是地安门外的万宁桥，民间也叫后门桥。

在隋唐大运河燕子状的另一扇翅膀上，也有一些古桥尚存，河南浚县古城西门外的云溪桥，于明武宗正德三年（1508年）修建在卫河（古永济渠）上。通济渠郑州段的惠济石桥也属于隋唐大运河的文化遗产，三孔拱桥，青石砌成，始建于唐代，至今仍在使用。洛阳天津桥遗址在今天洛阳桥桥西约400米处，当年"人影动摇绿波里"的意境让"天津晓月"成为洛阳八景之一。另外一座更加著名的古桥遗址在开封，它是座落在北宋时期汴河和御街交汇处的州桥，唐代原名汴州桥。施耐庵的《水浒传》中杨志卖刀怒杀泼皮牛二的场景就发生在州桥，《东京梦华录》对州桥也有如下记载"其柱皆青石为之，石梁石笋楯栏，近桥两岸，皆石壁雕镌海马水兽飞云之状，桥下密排石柱，盖车驾御路也。"在张择端《清明上河图》中，也同样可以找到州桥的身影。

栖于岸旁，行在水上

清朝皇帝康熙和乾隆都下过江南，而且走的是水路，走水路就是乘船从大运河自北向南前行。其中乾隆六下江南，有四次半走水路，一次半走的是水路加旱路，走旱路只是在北京到山东这一段，为什么要走旱路呢？因为北京到山东这一段河道治理不好，水路淤塞得厉害，所以乾隆下江南，有的时候南下走旱路，有的时候北上走旱路。皇帝南巡，沿途都有行宫，现在保留下来比较完整的只剩宿迁的行宫。

宿迁的行宫原来是寺庙，坐落在宿迁市皂河镇，是一座祭祀建筑，修建的目的就是为祈求水龙王"安澜息波，消除水患"，故名为"敕建安澜龙王庙"，现在叫龙王庙行宫。皇帝外出，途中暂停小住，叫"驻跸"。当时乾隆为了节省，也为了不太劳民伤财，不再修建行宫，就将这个庙改成行宫。现在整个京杭大运河全程，乾隆南巡所经过的地方，唯一保留下来的驻跸行宫就是宿迁的这座寺庙,乾隆六下江南,五次驻跸于此。就因为乾隆在宿迁驻跸过,有很多宫廷的东西就在宿迁流传,当地商家就喜欢在商品名字前面加一个"贡"字,比如"乾隆贡酥"。乾隆贡酥是一种酥烧饼,里面有馅儿,外面是起酥的皮儿,还有一些食品也加个"贡"字,比如宿迁泗洪的贡枣。

2008年考古人员曾对杭州孤山岛的清朝帝王行宫遗址做了一些考古发掘,孤山岛位于西湖的里湖和外湖之间,现在岛上中山公园正是利用清行宫御花园的一部分改建而成。行宫始建于清康熙四十四年(1705年)。至于扬州,康熙南巡到此驻跸天宁寺,乾隆第二次下江南到扬州,也在天宁寺内修建了行宫、御花园和御码头。天宁寺往东一点,大概是天宁寺到虹桥之间,后来修建了扬州西园酒店,酒店那个地方现在也叫御码头。当年清朝皇帝从御码头登船,前往邗沟,一路走的也是运河水路。除了天宁寺行宫,扬州城南还有一个高旻寺行宫。李斗《扬州画舫录》记叙有"三汊河在江都县西南十五里,扬州运河之水至此分为二支,一支仪征入江,一支瓜洲入江。岸上建塔名天中塔,寺名高旻寺"。高昱寺始建隋代，康熙第四次南巡时登临寺中天中塔极目远眺，心情大悦，便御书"高昱寺"寺额。高昱寺是中国"佛教禅宗四大丛林"之一，其他三个是镇江金山寺、常州天宁寺和宁波天童寺。

浙东运河的前身叫西兴运河，开凿于西晋怀帝年间（307—313年），到唐宋时，已形成渡、河、塘、驿四个系列，设施齐全的官办运河，这里"塘"是纤道，"驿"是驿站。唐代设立的驿站名字挺雅，比如萧山一带有梦笔驿和西陵驿，西陵驿这个驿站名在杜甫诗里也曾出现过，"商胡离别下扬州，忆上西陵故驿楼。"

驿站不是旅店，驿站是由官方设立，供专员传递情报途中食宿、换马或者换乘船只的场所。中国古代驿站分成为陆驿和水驿，陆驿就设在大道旁，一般60华里为一驿，很多地方都有，包括巴蜀地区。陆游的很多诗词都是在驿站写的，比如"驿外断桥边，寂寞开无主"，在他的诗里还有"槁枝烧代烛，冻菜撷供馐。"这是说他住驿站的时候，破苫帚被点着了当灯用，送来的饭菜因为天冷已经冻住了，可见荒郊野岭的驿站有多凄惨。北方现在保存比较完好的陆驿是河北怀来的鸡鸣驿，始建于元代，最早是个军驿，公元1219年成吉思汗率兵西征时设置，明永乐十八年（1420年）扩建。今天还保留了当时的一些机构及房舍，四周的院墙也有，不过城楼是当代拍电影时修建的。

京杭大运河沿线当然也设有驿站，不是陆驿而是水驿，包括公文的传递、官员的迎来送往，这些驿站属于官驿。运河上有生意就会有民营的驿站，有些民营驿站的条件远远超过官驿。以这些驿站为中心点扩散到四周，各种行业诸如酒楼、茶肆、店铺，甚至于秦楼楚馆都会应运而生。五代时，"西陵"被吴越钱镠王改为"西兴"，所以叫做西兴驿，作为一个水驿，西兴驿存留的时间很长，直到1911年才被撤销。

现在保存最好也和京杭大运河关系最密切的水驿，是位于江苏高邮市的盂城驿，临近高邮湖。盂城驿既是官办的驿站，也是游船的游驿，它最早建于洪武年间，但到了晚清时期因为运河逐渐衰败，后来变成了民房。大概在20世纪90年代，被列入国家级重点文物保护单位。盂城驿作为中国游驿史上非常重要的古代驿站，规模最大、保存最完好，曾有厅房100余间，占地24亩。它有非常完整的建构，有宿舍，能够向来此驿站的客人提供住宿，同时设有签押房，做文件收录的登记，诸如带着文件来，什么时候来的文件，什么时候到盂城驿的，什么时候拿走，都有一套完整的签收记录。驿站除了人可歇息，也是一处船可停放转运的地方，有的人或货物在驿站要从一个船队换到另一个船队，然后继续往前行。

大运河旁的古建筑，除了行宫和驿站外，还有同乡或行帮们的聚集场所，那就是会馆。今天在运河沿线城市依然保存着两个有名的会馆，一个是山东聊城的山陕会馆，一个是浙江宁波的庆安会馆。

庆安会馆也叫"天后宫"，位于宁波三江口东岸。庆安会馆是清咸丰三年（1853年）修建的，虽然历史不长，但已经是第五批全国重点文物保护单位，相比较之下，通州燃灯塔也只不过是北京市文物保护单位。庆安会馆很有意思，这是全国唯一的集会馆和天后宫合二为一的场馆。天后宫是祭祀天后妈祖的殿堂，北方叫"天后"，天津就有个天后宫，但在浙江南部到福建包括台湾都叫"妈祖"，实际上是历代沿海渔民、船工、海员和商客共同信奉的神祇，他们相信天后或妈祖是能够保证他们在水上的平安。在宁波，无论是出海打渔、还是在海上或者是内河航行，他们都要祭拜妈祖，庆安会馆非常有代表性，正好为全国南来北往的客商提供了一个行业联谊和祭奠妈祖的场所。

庆安会馆有会馆的形式，也有祭祀的场地和设施，分几层院落，左右厢房，除了纪念妈祖的殿堂，有前后两个戏台，前戏台正对着供奉妈祖的殿堂。戏台直到今天人们还在使用，当地一些文化馆和民间剧社会在安庆会馆演出。它的前后戏台屋顶都是飞檐式，建筑行业术语叫"歇山顶"。从平面图上看还是一个倒"品"字形，前面突出一块，后面是一排。庆安会馆集会馆、祭祀、住宿和演戏为一体，戏台虽然不大，不能演什么正经的大戏，但现在恢复一些南戏表演，比如海盐腔都在这里演过，是杭甬运河上一个重要的演出场所。

有河必有码头，大运河不缺大码头。元代的积水潭可以算是大运河北端终点最大的漕运码头，繁盛之时，曾现"千帆云集，舳舻蔽水"的景象，元代文人黄文仲的《大都赋》

里的积水潭码头被描述为"扬波之橹，多于东溟之鱼；驰风之樯，繁于南山之笋。"

在通惠河开凿之前，通州张家湾才是大运河北端的大码头。即便通惠河通航之后，这里也一直是南方物资转运的水陆码头，明嘉靖七年（1528年）之前张家湾已经形成了一组包括上码头、中码头、下码头的码头群，至清嘉庆十三年（1808年）期间，通州城外修建了石坝码头和土坝码头，张家湾变成货运码头和客运码头。张家湾码头的繁华可以从清代画家江萱所绘《潞河督运图》中得以感受，有人数过，画中有人物820人，商船、渔船、货船、客船共64艘。

可以与张家湾码头群相对应的是在南方地区的无锡码头群。无锡是大运河穿流而过的唯一城市，因为受到元明清三朝以来漕运的不断推动，形成了另一种闻名江南的码头群：米码头、布码头、丝码头和钱码头。

古渡古城古纤道

在京杭大运河与长江交汇之处,历史上曾有一个"江北重镇",它北望扬州宝塔湾,南望京口(今天的镇江)甘露寺,这就是被诗人白居易描绘成"汴水流,泗水流,流到瓜洲古渡头"的瓜洲古渡。

瓜洲古渡作为运河入长江的重要通道之一,历代漕运与盐运在此交织,《嘉庆瓜洲志》对瓜洲古渡的描述有"瞰京口、接建康、际沧海、襟大江,每岁漕船数百万,浮江而至"。晋朝时露出水面的瓜洲,到康熙年间开始坍江,最终于清光绪十年(1884年)全部坍没江中,连同与滕王阁、黄鹤楼、岳阳楼齐名的瓜洲大观楼,以及乾隆驻跸瓜洲城赐名的锦春园就此消失于人间。长江东流,运河纵贯,瓜洲古渡成为一段传奇。

瓜洲古渡消失了,但运河还在。运河贯穿扬州古城东南,从湾头镇入境，由东向北流经黄金坝，再从北向南流至大水湾后向西，直到城西南"三湾"。20世纪30年代中期，河两岸的往来仍然依靠渡船或者浮桥通行，到1950年，分布于城区各城门对岸的渡口多达13处，其中有湾头渡、盐厅渡、五台山渡等，较知名的东关浮桥渡，原名利津渡，始建于清光绪四年（1878年），1919年重立于西圈门，拱门上嵌有"古扬子江第二港"。原来的浮桥由五条木船拼接而成，等到1952年桥南侧200米处修建的钢筋混凝土"解放桥"通车后，东关浮桥渡就退出了历史舞台。

还是1952年，从扬州向北700多公里的德州，城区西运河旁，一座长60米、宽6米的单排桩木架公路桥修建了起来，名叫"胜利桥"，从此，在运河上服务了近两百年的徐家摆渡口终于谢幕。明清时代，德州沿河曾设立了诸多渡口，相间四五里到十几里不等，徐家摆渡口是德州四大摆渡之一。德州的渡口分官渡和民渡，官渡通常设在官驿附近，如夏津县的官渡驿，民渡则随处可见。不论官渡、民渡都立有诸如礼让货船，夜不渡船，对盲人、僧人和卖艺人免费等规矩。也有积德行善的富人家设立免费渡口，但过往的商客会主动缴费。

从德州继续往北到沧州,运河边从前也有免费渡口,当地人叫"义渡"。一根缆绳横跨运河,固定在两岸支架上,摆渡人立定船上,双脚蹬船,用力拉着缆绳,船便顺着缆绳从此岸到彼岸。沧县姚官屯乡东花园村和运河区小王庄镇西花园村就在运河的东西两岸。过去河上没有桥,两岸村民要过河赶集都要通过摆渡才能到达对岸。后来运河航运消失,河上陆续架起了桥梁,渡口也就停止了使用。然而,直到2020年底,运河沧州段青县周官屯王黄马村,还有唯一尚存的渡船和摆渡人,两岸村民嫌走桥太远,每逢集市仍然来这里坐渡船过河。

渡船跨河,流水穿城,但运河穿城在今天已经很少见了,2014年中国大运河遗产申报的遗产点清单上,唯有两处水城门入选,一处是杭州凤山水城门,另一处是苏州盘门。

1909年,美国旅行家威廉·埃德加·盖洛在他第三次访华时来到杭州,拜访过当地行政长官后,一行人从凤山门出发进城,行人走的是双重大门,旁边还有一个水门,盖洛注意到,有大量运纸的船只穿过水门。凤山城门为古杭州南大

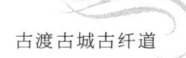

门，自元朝起，钱塘江水入凤山水门，出武林水门。历史上，十城环绕的杭州城曾有水门六座，沧海桑田，民谣"武林门外鱼担儿，艮山门外丝篮儿，凤山门外跑马儿……"还有人记得，但保存至今的只剩下了凤山门。

而苏州的盘门是一座水陆并列、南北交错的古城门，始建元代至正十一年（1351年）。672年过去，如今城门结构和外貌同元末明初的旧貌基本一样。水城门是内外两重门，两门之间相距四到五米，外门设有闸槽，好像可以构成一个小小的水瓮城。

江南水乡，无水不姑苏，离盘门二十来公里，大运河吴江段岸边有一条运河古纤道。这段纤道在唐代称为"松江堤"，宋代称为"九里石塘"。汉字"塘"既有水池的意思，也有堤岸或大坝的意思，杭州湾和钱塘江口修筑海塘，由来已久。九里石塘，既是纤道，又是河岸，从前还用作驿道，好像一条水中长城，一面临太湖、一面傍运河，分开河湖，便利了船行，还让太湖东岸、运河堤西的大片湿地变成肥沃的良田。今天，在江南运河上唯一存留的古纤道遗址的西边，每天仍然有两千余艘船只行驶运河上。

如果从吴江顺着运河南下到绍兴，那里也有一段古纤道，又叫纤塘。绍兴古纤道自东南向西穿越城区，绵延75公里，现存两段，这两段或两面邻水或邻水依岸，由石墩和石板铺成桥面，桥面一律并列三条长青石板，一路过去，道桥水船，浑然一体。

济宁河道图

漕运的运转

运河是中国东部平原的一个输血大动脉,是整个中华民族绵延帝国生命的大通道,那么这个大通道是如何运转的呢?

清明两代,官方对运河有官方的管理,民间对运河有民间的维系。官方的管理,从明清两代来看,它设置了两个很特殊的职位,这两个职位一个叫做河道总督,一个叫做漕运总督。河道总督是河道总督衙门的长官,河道总督衙门是管理京杭运河的最高行政机关,这个机关由明代工部尚书、南旺分水枢纽故事里那位杰出人物宋礼最初建立,衙门设在济宁。漕运总督属于统管全国漕运事务的高级官员,官名很长,叫"总督漕运兼提督军务巡抚凤阳等处兼管河道"。明清两朝都设有地方的总督和巡抚,辖一省到两、三省的行政和军事的长官称之为总督,辖一省的地方长官称之为巡抚,巡抚

一般不管军事。总督和巡抚往往由一个一品或从一品的大员来充任，巡抚也有用二品来充任的。

那么设立了河道总督和漕运总督，他们的职权是什么呢？比如清代的河道总督专门掌管黄河、淮河和大运河的堤防和疏浚，跟地方没关系，原则上除了管运河，同时还兼管黄河和淮河，因为这两条河一旦淤塞，运河就走不了。至于其他地方的水道如何，比如广东那边发大水，或者山西汾河淤塞了，那不在河道总督的职权范围内，这跟他没关系，有关系的就是黄河、淮河和整个运河，河道总督的职能就是不能让它们发生淤塞、断流和决堤等自然的灾害，这些灾害会导致漕运不能正常运转。河道总督的位置固然重要，但也是一个比较辛苦的差事，很多人并不很高兴去当河道总督，这个官位虽然有油水，但是每年拨下来治理河道的钱是有数的，可以盘剥一部分，得通过分下去以后再反上来的办法贪污，说分下来两万两银子，从中尅扣一千两这是办不到的。再说河道总督很辛苦，哪儿决堤了、淤塞了、河开口子了，都得到现场，所以河道总督不是个好活儿。河道总督的驻地在今天山东的济宁，河道总督的衙门不叫河道总督衙门，叫作总督河道部院或者部堂。

运河的疏浚归河道总督管理，运河最大的麻烦就是淤塞，河道一旦淤塞就需要疏浚。除了运河淤塞，自然河流也会淤塞，比如黄河。黄河源头的水是非常清澈的，如果到黄河的发源地青海看一看就知道，黄河源头的水是碧绿的，像翡翠一样，简直美极了。可是到了陕西流经黄土高原以后，河水就黄得不得了。宋代的开封是在今天开封的地下8米，现在开封的所有古迹，龙亭、樊楼、大相国寺，全都是子虚乌有的，这是因为黄河改道和黄河泥沙冲击，整个宋代的开封沉积在地下8米，元代的开封沉积在地下4到5米，明清的开封能见到的也不多，我们见到的是现代的开封，地面建筑物基本上都是后来复建的。同样，运河也需要不停地疏浚，不停地维护。比如隋唐运河的水源主要来自黄河，为了解决泥沙淤积问题，有一种叫"木岸狭河"的方法就被发明并采用，具体办法是沿河岸打上成排的木桩，一来保护河岸，二来把宽阔的河道变窄，让水流变急，达到冲刷泥沙的目的。疏浚需要工人，过去就是让服劳役的犯人来干活。运河疏浚没有运河工程队这样的组织，都是由地方承担，山东的由山东承担，河北的由河北承担，京津段由京津段承担，淮河那边由淮河段承担，江苏由江苏段承担，运河全线都是由地方承担，使用地方劳役。

为了保证漕运的安全，明朝就开始设立专门的管理机构，不过在明朝漕运总督不属于固定官制，时有时无。一直到清朝顺治年间，漕运总督才形成定制，正式纳入朝廷官职体系。相比较于河道总督，漕运总督可就是个肥缺了。漕运总督的主要职责包括漕粮的收缴、运送、检验，漕船的修理、检查等，漕运总督所在地驻在淮安，在淮安的衙门名字叫漕运总督部院或者部堂，这可是一个既可以贪污又可以享受，还有很多人巴结和贿赂的好地方。淮安的漕运总督部院建筑规模宏伟，光是房舍就有213间，牌坊就有3座。漕运总督和河道总督不太一样，盐运大使、江南织造甚至盐商都和漕运总督有着很密切的关系，这些方面河道总督是难以望其项背的。

因为漕运很重要，有的时期就配有相应的武装力量予以保护，明朝永乐年间曾经设漕运总兵，率有军队12万人专门负责漕运安全。清朝漕运总督也有类似的一支武装力量，叫漕标，又叫绿营兵。绿营兵大约由三四千人组成，可以说是漕运的警察部队。清代民间通俗小说《施公案传》里的黄天霸就是一个漕标副驾，说白了就是漕运公安分局的副局长。

河道总督、漕运总督是官方管理河道机构的长官，民间也有自发对漕运进行管理的民间组织，在很大程度上对抗官府的盘剥，这个组织就是青帮，又叫漕帮，是清朝初期以来流行最广、影响最深远的民间秘密结社之一，最早由明代水手罗教和江浙船帮中的水手行帮结合衍生而来。其实漕运的工人水手很大一部分是失去了土地的农民，还有就是社会上闲散的流氓乞丐，再有一些失业的流民，因为没户口，只要能干活，能够撑船、拉纤、搬运就可以做漕运水手。这些很松散的个体，会受到来自各个码头、各处官府、各路卡口的盘剥，所以他们要成立帮会来管理自己的系统。漕帮实际上是规范了运河的运输，属于运河漕运的水手组织，维护了漕运工人生存的合法权益。漕帮不是镖局，区别在于镖局是专门保护他人财产或者人身安全的机构，而漕帮维护自身利益。

粮仓和钞关

民以食为天，有粮食则天下安。不管是唐代还是宋代，都需要从南方漕运粮食到京城。当时隋代开凿永济渠和通济渠，尤其是通济渠，就是为了解决运粮的问题，粮食运过来就需要粮仓，所以在洛阳附近就修建了很多粮仓，最有名的粮仓是回洛仓、兴洛仓。今天都有遗址发掘，这些粮仓都非常大，不是一个仓，而是一组仓群，每个仓群都储备大量的粮食，比如回洛仓就有仓窖700余座。隋末瓦岗军农民起义，他们攻占了洛阳回洛仓、兴洛仓（也叫洛口仓），还有河南浚县的黎阳仓，然后搞起"开仓放粮"，几个月的时间，老百姓都跑到这些粮仓，拿走不花钱的米，络绎不绝，《资治通鉴》上记载"开仓恣民所取，老弱襁负，道路相属。"

到了唐代，首都不在洛阳了，首都定在长安。唐太宗李世民吸取瓦岗军攻占洛阳城外粮仓的教训，因此他决定在洛阳城内建立粮仓，以免重蹈当年隋代统治者遭遇城内无粮的覆辙。含嘉仓就是李世民刻意选定的一个粮仓，尽管含嘉仓的兴建年代，学界尚有分歧，但对唐代开始大规模储粮，含嘉仓取代兴洛仓成为唐代时"天下第一大粮仓"的认知，学者们是一致的。自20世纪70年代开始，国家对含嘉仓遗址启动考古发掘，证实这个仓呈东西方向长612米，南北方向宽710米，里面有圆形仓窖400余个，仓窖口径最大居然有18米，最深有12米。随着中国大运河申遗成功，洛阳含嘉仓已被列入《世界文化遗产名录》。含嘉仓在中国甚至世界历史上都是很重要的一个仓城，含嘉仓的粮仓和明清的粮仓，比如北京的南新仓、禄米舱是不一样的，含嘉仓是属于窖藏仓，是往地下挖的一种仓窖。后来到明清时代，隋唐时代的仓窖被"仓廒"取代，仓廒建在地面上，是一种砖木结构建筑物，像住房一样有很厚的墙，为了防潮，每块廒砖都有一米多厚，一律来自山东临清。在北京朝阳门内布有禄米仓、南新仓、旧太仓、富新仓、兴平仓，共361廒，其中南新仓建于明永乐七年（1409年），大城砖砌筑，每廒面阔24米，进深17米，高约7米。

在京杭大运河的南端，和北京南新仓齐名的是杭州富义仓。和洛阳含嘉仓、北京南新仓相比，富义仓修建得晚，曾经内有粮仓五六十间，每间约20平方米，可存四五万石谷物，西边设有去稻壳的碾坊，南边设有舂米的作坊，东边是装卸粮食的河埠，河埠码头沿着运河而修建。

除了漕运粮仓之外，大运河边还有另外一种仓库，2001年考古发掘发现的永丰库便是这样的一种建筑物。永丰库遗址在宁波市，是一座宋、元、明三个朝代延续使用的大型地方官府仓库，南宋时期名字叫"常平仓"，元朝是"永丰库"，明朝叫"宏济库"。宁波通过杭甬运河和京杭运河连通，内陆的商品，比如越州窑、龙泉窑、吉州窑等瓷器，便可由宁波出海。20世纪70年代，韩国在朝鲜半岛西南部的新安海域发现了一艘中国元代沉船，除了找到大量中国铜钱、龙泉窑瓷器外，还有一枚刻有"庆元路"的铜制秤砣，进一步的研究发现，永丰库遗址中出土的瓷器和新安沉船发现的瓷器属于同类，而作为中国古代行政区划的庆元路正是元至元十四年（1277年）的宁波，这进一步证实了宁波在宋元时代河海联运和对外贸易中的独特地位。

大运河两岸存留的老建筑物不多，有一处倒是很特别，它就是位于山东省临清市老城区内，明代会通河旁的临清运河钞关。钞关是明清两朝中央政府设置在地方的税务机构，因为明代禁海，京杭大运河成为全国商品流通的主要干道，明宣德年间以北运河沿线水路为主，设置了漷县关、临清关、济宁关、徐州关、淮安关、扬州关、上新河关。漷县关在北京通州，明正统十一年（1446年）移至天津河西务，上新河在今天的南京市建邺区江东门外。到明景泰和成化年间，又增设金沙洲关、九江关、正阳关、浒墅关和北新关。金沙洲关在今天的湖北武昌，正阳关在今天的安徽寿县，北新关在今天的浙江杭州，新增的几个钞关都在长江、淮河和南运河河段沿线。

临清钞关于明宣德四年（1429年）开设，到1930年关闭，期间跨越了500年，可以说是运河钞关中开设最早、闭关最晚、税收贡献最多的钞关，也是目前唯一留有遗址的运河钞关。

从汴梁到临安

北宋是一个城市经济高度发达和繁荣的历史时期,但是它的疆域非常小,最北边的疆界也就是今天河北的正定,今天北京所在的地方都属于辽金,不属于北宋。北宋重视文官制度,重文轻武的程度在中国历史上是空前绝后,它的农业经济和城市手工业经济在繁荣程度上大大超越了前代。开封是北宋的都城,当时叫汴梁,也叫东京,它的繁华程度可以用两件文物遗珍来证明,一件是宋人张择端的画作《清明上河图》,一个是宋人孟元老的著作《东京梦华录》。《清明上河图》表现的是汴梁的城市景观,《东京梦华录》记述的是东京这座城市的风土人情。

北宋东京城里有四条穿城而过的河,它们是汴河、蔡河、五丈河和金水河,四条河都是人工开凿,号称"四水贯都",也叫"漕运四渠"。四河之中,汴河最重要,它属于通济渠,连接黄河与淮河,是南北交通运输的动脉,北宋选择汴河作为运输渠道无疑是当时的最佳方案,完全达到了"国家御戎西北,而仰食东南"的目的。《宋史·河渠志》有记载"岁漕江、淮、湖、浙米数百万,及至东南之产,百物众宝,不可胜计。又下西山之薪炭,以输京师之粟,以振河北之急,内外仰给焉。"汴梁正是因水而兴,北宋正是有赖于汴河而享国167年。《续资治通鉴长编》统计,北宋神宗熙宁年间,汴梁已有160多个行业,手工业分工细致,商品经济高度发达,运河对汴梁城市居民的生活至关重要,所谓"黄金水道",名不虚传。

　　北宋时期,隋唐开凿的永济渠到涿郡这一段就淤塞了,这是因为北宋的疆域只到今天河北的正定一带,再往北,比如今天的北京、保定这一片,都不是北宋的疆土,都归辽占有,所以这一段时间永济渠它不往北走了,到了石家庄、正定这一带就是它的前线了。金人也不会利用运河,所以永济渠就淤塞了。到了南宋,宋高宗南渡以后定都在临安,就是今天的杭州,到了杭州以后,它最北的前线就是今天的淮安楚州。当时南宋名将韩世忠驻军楚州十余年,在修筑楚州城

的同时，又派部将重新修筑了承州城（今天的江苏高邮），承州界于扬州和楚州之间，"号为东南咽喉"，韩世忠筑成楚州、承州二城，控制了淮河和运河的交通，使金兵不得东行又不敢南下，确保了长江以南的安全。今天的楚州只是淮安的一个区，可在当时却是南宋最北的北疆。

宋代从版图疆域上来说，应该算是大一统时代疆域最小的朝代，但又是城市经济最发达的时期。这种发达的体现不仅仅囿于北宋都城东京汴梁和南宋临安，而是在中等以上的宋代城市都已经形成了规模化的街道食肆和商家店铺，虽然从北宋伊始就受到了北方边患的威胁，但是并没有阻止城市社会生活和商业的发展。

南宋的临安是个极度繁华的城市，到南宋末年，临安人口已经超过百万，成为世界人口最为密集的大都市之一。南宋初年，宋高宗赵构利用鉴湖作为基础，修建从钱塘江东岸的西兴至会稽城的西兴运河，这就正式拉开了开凿杭甬运河的序幕。甬即宁波，这也就是今天从杭州到宁波的浙东运河。京杭运河是从北向南或从南向北的纵向运河，而杭甬运河是从西向东的横向运河。杭甬运河跨越了曹娥江，流经姚江，与奉化江在宁波三江口汇合成甬江，最后从甬江进入到东海。其实，自临安起，既可以通过江南运河再沿长江向西，抵达湖南、湖北及天府四川；也可以溯钱塘江而上，到达繁荣的婺州、衢州、徽州；临安的浙西运河可以沟通苏州、镇江；浙东运河可以沟通钱塘江与姚江。这使得临安与其他州郡之间畅通无阻，再加上临安城内河道纵横，舟船遍布，行人出行，货物运输，都很便利，水路已然成为临安居民最主要的交通方式。自北宋开始，临安就已经成为国家重要的港口城市。隋唐大运河紧密了临安和洛阳、开封等都市之间的连通，杭甬运河的开凿和运行，更进一步推进了南宋与日本、高丽和东南亚国家之间的贸易往来，所以说，杭甬运河和海上丝绸之路有着密切的关系。

还有一件事情，就是汴梁对临安的影响。宋王室南渡时期，北方以皇亲、权贵、官宦、贾商、儒生为主的人口大量涌入临安及周边地区，他们所带来的中原文化对南方产生了剧烈冲击，包括语言、音调、风俗、娱乐和饮食都无时不在地影响着临安，比如面食南移，临安大街小巷出现了各种面馆；汴梁极为发达的瓦肆勾栏，在临安很快被传承并愈加繁

盛；民间盛行学习和使用汴梁"京腔"和"官话"；汴梁已是美食天堂，而临安更有过之而无不及，宋代吴自牧《梦粱录》记载"自大街及诸坊巷，大小铺席，连门俱是，即无虚空之屋。"甚至还有后人在考证推断，杭州名菜西湖醋鱼完全就是汴梁名菜糖醋熘鱼的衍生复制品。

  临安和汴梁当然还是有很大区别的，临安背靠的浙东、浙西运河一线，地处江南，物产丰饶，农业兴旺，加上政府开垦农田，兴修水利，经过一百多年的发展，临安的繁荣更胜汴梁。还有，临安手工业发达，它自身既是一座消费城市，也是一个产业和商业中心，再借助杭甬运河，货物直达港口城市明州，进入海外贸易通道，使得财富的积累和转运也要比汴梁快捷和方便许多。

积水潭和大通桥

元代虽然只有 80 多年,而且是外族蒙古人统治的一个朝代,但实际上,它是很重要的一个历史时期,它推动了多元一体的文化进程,起到了承上启下的作用,在中国文化各个方面具有很多重要节点和影响。同样在运河这个问题上,元代做了很大工作,因为要保证元大都的稳固,就一定要保证元大都的物资供应,首当其冲是南粮北运,因此就要疏浚运河。

当时北边的运河只到今天的通州,而通州离北京还有 60 里的路程,要把南粮北运到了北方,运进元大都,完全依靠陆路运输是不行的,特别是在阴雨连绵的季节,途中粮食霉烂变质和牲口疾病死亡现象比较严重,运输效率非常低,用今天的话说,就需要打通运河的最后一公里,当然这只是个比喻,实际上不只一公里。当年的元大都跟今天的北京城不太一样，它是在今天北京城的基础上往北移的，一直到今天亚运村那里都曾是元大都的所在地。

说到元代的大运河以及漕粮如何从通州运到元大都，和一个人的贡献和功劳是密不可分的，此人就是郭守敬。郭守敬是河北邢台人，邢台当时叫邢州，郭守敬既是一位数学家，也是一位天文历法学家，同时还是一位水利专家。如何贯通通州到元大都的水路，水源是一个大问题。从金朝开始，人们就试图开凿一条从通州直达京城的运河，以解决漕运问题。金大定十年（1170年），当时选定的地点是金河口，引浑河（今天的永定河），经过金中都，流入通州东面的白河。但由于浑河泥沙太多，开凿15年后，金河口的入水口就因为淤积而被堵塞了。到至元二十八年（1291年），又有人建议利用滦河和浑河溯流而上，即用滦河的水作为补给，将它引入到通州，通过水渠可以连通到元大都。但经过郭守敬的考察和测量，他认为浑河的方案并不切合实际，郭守敬提出了白浮泉的方案取而代之。

白浮泉位于昌平，它的水位非常高，基本上和西山的山路是可以持平的。白浮泉的方案是，把他在昌平县神山脚下发现的一处泉眼的水引入瓮山泊，神山在今天叫凤凰山，那处泉眼就是白浮泉。接下来，引入瓮山泊的水经过高粱河汇入元大都的积水潭，然后向东再流出今天的崇文门（当时叫文明门），利用金朝的运河故道，在今天通州张家湾（当时叫高丽庄）汇入白河。从积水潭到通州的这一段，在至元二十九年的时候开凿，用了一年多的时间到至元三十年就已经通了，从积水潭到通州的这一段称之为通惠河。

引白浮泉的水到什刹"三海"，应该算是通惠河最大的遗泽。金代叫白莲潭，元代叫积水潭，明代之后才叫什刹海。"海"是元朝蒙古人的说法，因为从蒙古那个地方来，只要见到一个水洼子都称为海，或者是海子，海子对于元朝来说觉得很罕见的。前海、后海和西海就是通常所说的什刹"三海"。明永乐年间，在什刹海西海西北小岛上修建了祠堂，名叫汇通祠，就是现在的郭守敬纪念馆。郭守敬活到80多岁一直都没有退休，正可谓"鞠躬尽瘁，死而后已"。把运河一直引到终点积水潭，郭守敬是一个功不可没的人。

到了明清时期，从永乐迁都北京开始，北京成为整个中国的政治中心，同样，经济的保障、粮食的储运又再一次提

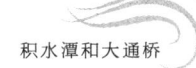

到议事日程，作为经济和生存的命脉，运河的作用更受到重视，虽然一开始从通州到京城，积水潭仍然是漕运的运河终点，但到了明代中叶，情况开始发生了变化。变化来自于多种因素，比如自明成祖永乐帝选定昌平为陵寝地之后，元代郭守敬设计的由白浮泉引入瓮山泊的引水路线便完全湮没废弃了，坝河及通惠河只能依赖玉泉山为水源。又比如明宣德七年（1432年）改建北京城，将元大都南城墙南移至今崇文门、正阳门一线，把通惠河圈入皇城中，且城内不通航，漕船不能驶入城内，遂改大通桥（今天的东便门外）为起点，通惠河也改称为大通河。到了这个时候，积水潭就基本上废弃了，运河的终点就改到了东便门外的大通桥。

大通桥是大通河上五个闸口的头道闸，也是一座集桥梁、桥闸和码头于一体的建筑物。在大通桥一带，船舶南来北往，漕船卸粮搬运过程中，漕粮难免漏洒落地落水，而这些洒落的粮食就成了河里鸭子的口粮，久而久之，大通桥边的鸭子便成一景。

距离东便门不远有一座京城著名的道观叫"蟠桃宫"，每年农历三月蟠桃宫都有庙会。每逢庙会开场前几天，大通桥会开闸蓄水，这样崇文门到东便门之间就就能行船。阳春三月，游人可以坐着摆渡船从崇文门北岸码头一直到蟠桃宫附近的南岸来赶庙会。

大通桥以上河段逐渐湮废，到明嘉靖七年（1528年）改建五闸和通州石坝后，大通河的漕运完全改成驳运制。进京的漕粮一部分由石坝起岸转至大通河，另一部分由土坝起岸，用车运到京城各个漕仓，这样漕运保持着"水陆并运"的局面。

在明清两代，北京的东直门外、东直门内、朝阳门内有很多的漕仓，今天虽然漕仓没有了，但北京还保留下不少带有 "仓"字的地名，比如南新仓、海运仓、禄米仓等等。今天有个别的漕仓，像南新仓的一部分还在，如果到南新仓去看一看，就会发现当年建仓时所用的地砖每一块大概有50斤重，边长有80公分，不到一米长，墙有两米厚。那么大的砖，那么厚的墙，目的就是为了防潮防湿，为了保存粮食和其他从南边通过运河运送来的物资。

笙歌流韵一线牵

——大运河的文学与艺术

大运河是中国文化艺术的摇篮,也是文学艺术创作的源泉。

大运河是中国古典文学艺术的发祥之地,也是各种艺术形式交流与融汇的纽带。

大运河连接与输送了南北各地不同的艺术形式,可谓是隋唐以来的文学艺术输送带。

姑苏桃花坞图

朱仙镇、桃花坞和杨柳青

什么是文化？文化是凝结于物质之中的一种产物，还是游离于物质与精神之外的一种现象？它可能是一段风土人情，或者是一方传统习俗、一页文史记载、一曲南腔北调、一卷水墨丹青、一种价值信仰。运河就跟一个人的血液一样，需要不断增加营养，血管里的血才能不断地流动，运河的水不是无源之水，它的水来自于五大水系不断的注入，否则就枯竭了。从文化上来说，它也是一段一段地联结成纽带，燕赵文化、鲁文化，然后是淮河文化、江浙文化，而且江是江，浙是浙，相互融和，各有千秋。运河承载着历史和文化的变迁与发展，运河文化既是分段孕育的，也是全程流通的，像水流一样交汇融合，一脉相连。中国民间艺术之一的木板年画，简称年画，就是一个很好的例证。

中国有三个重要的年画生产地，一个是河南的朱仙镇，今天属于开封市祥符区；一个是苏州的桃花坞，今天位于苏州古城北部；一个是天津的杨柳青，今天属于天津市西青区。如果仔细研究这三个年画的生产地，就会发现这三地都和运河有着密切的关系，开封虽然不在京杭大运河上，但它曾经是隋唐运河一直到宋代运河的重要的一站，因为最早的时候从洛阳出来以后，上面永济渠到涿州，通济渠到淮河和江南的运河连接。到了宋代，由于城市经济愈加发达，开封作为隋唐大运河上的一个城市，作用也就愈加重要。朱仙镇木版年画诞生于唐代，兴于宋代，《东京梦华录》有记载"北宋京都汴梁，已遍设年画作坊，大量印刷木版年画"。年画的主题涉及门神、钟馗、桃板、桃符、财神，还有驴、鹿、马，明代鼎盛之时，朱仙镇因河道四通八达，年画生意兴隆。到清代末期，由于河道阻塞，航运不通，木版年画也和其他商业一样，日趋萧条。

苏州桃花坞的年画，产生于宋，成型于明，**繁荣于清**，到雍正和乾隆年间，在苏州阊门外山塘街一带有五十多家年画铺，每张画的画面上既印有画铺的名称，也有画师的署名。当时年产量少说有十几万张，多的时候达百万张以上，这些

朱仙镇、桃花坞和杨柳青

年画通过运河行销江、浙、鲁等地,并远达南洋一带,所以和运河的关系密不可分。近代桃花坞年画品种繁多,除了传统门画外,还有渔家乐、庆元宵、三英战吕布、岳飞报国、白蛇传、麻姑献寿、五子登科、麒麟祥瑞等主题。

同样,杨柳青也在运河上,由于运河的影响,宣传做得最好、销售面最广的是杨柳青的年画。杨柳青的年画很多取自于南方的画家,最重要的一个人物就是钱惠安。钱惠安是清朝末民国初的画家,宝山高桥镇(今天的上海浦东)人,所以说他是一位海派画家,钱惠安的很多画都是通过运河,传到了天津的杨柳青。后来我看过一个介绍杨柳青年画的电视节目,发现里面有很多钱惠安的版,因为年画是套色的,一张年画要若干个版才能套印出来,有的要套印十来次一张年画才能完成。千万不要小看杨柳青的年画,它的影响力还是非常大的,现在全世界收藏杨柳青年画最多的国家是俄罗斯,俄罗斯的博物馆大概收藏有杨柳青年画6000张,6000张不是我们现在由印刷机制成的印刷品,都是人工一张一张套印出来的。杨柳青年画做得很精细,通常画的主题都属于吉祥的东西,比方说大娃娃抱着鱼表示吉祥有余,还有竹报平安、送子观音、五谷丰登这类吉祥图案。还有一种就是以戏曲演出某一个场次的截录叫"戏出儿"的年画,比如有赵云、刘备、周瑜、鲁肃这些出自《三国演义》里的人物。

比较三大年画生产地的作品,朱仙镇的年画相对来说比较质朴,相对粗糙一点,杨柳青的年画最精细,这三大生产地的年画也互相交流与借鉴,显然运河担当着重要的作用。

苏州桃花坞我去过,杨柳青我也去过几次,那里现在有年画博物馆和很多年画的画坊。桃花坞和杨柳青的木板年画现在都是我国非物质文化遗产。

《东京梦华录》和《清明上河图》

隋唐大运河最西端可以达到洛阳，再往东来一点是开封，就是北宋的首都汴梁，也叫东京。隋大业元年（605年）隋炀帝迁都洛阳，隋代通过北上的永济渠和南下的通济渠来沟通这两个地域。从洛阳到开封，都有着中原饮食的特色。在宋代有一部追述北宋东京开封府城市风俗人情的笔记体散记文，非常有名，叫做《东京梦华录》，由北宋的孟元老所著。为什么说是"追述"呢？据《宋会要辑稿》记述，孟元老是北宋孟昌龄的族人孟钺，曾任开封府仪曹，就是掌管礼仪的一位属官。孟元老在北宋东京居住二十余年，经历了开封府的繁荣富华，也目睹了靖康之变后都城的灰飞烟灭。为躲避战乱，孟元老避居南方，晚年时候回忆起东京的繁华，心生无限眷恋和伤感，遂写下记录当年开封府繁华景象的《东京梦华录》。

《东京梦华录》中记载饮食的内容非常多。在记载的饮食部分里面，有着中西交往中从丝绸之路带来的一些饮食，面食、饼，包括胡饼，是从西域那边传来的，也有北方各民族的一些饮食。记载的名称，虽然今天有些可能已经见不到了，但是大部分今天还是可以见得到，包括关于"饼"的一些称谓，比方说汤饼、水饮饼，实际上就是今天的面条。按宋朝人的习惯，凡是用小麦面粉做出来的食品都叫"饼"，烧烤出来的，叫烧饼；加水煮出来的，叫汤饼（包括面条）；笼屉蒸出来的，叫蒸饼，后因避宋仁宗"赵祯"名讳，蒸饼又改称炊饼，蒸出来的馒头、包子也都叫炊饼，实际上，《水浒》里武大郎卖的炊饼其实就是馒头，而不是烧饼。还有很多饮食习惯的记载，比方说除了羊肉，他们也吃羊杂、羊血。《东京梦华录》中羊肉制品非常多，宋代许多羊肉的做法超级华丽，比如苏东坡最推崇的杏酪同州羊羔。同州在今天的陕西渭南的大荔县，大荔沙苑设有"沙苑监"牧养军马，牧草丰茂，泉水富有矿物质，味苦，所以同州羊也叫沙苑羊或苦泉羊，被毛细柔，羔皮洁白，肉质肥嫩，尾脂肥硕，羊羔肉蒸得酥烂，浇上杏酪，美味极了。苏东坡《澄怀录》："蒸烂同州羊，灌以杏酪，食之以匕，不以箸，亦大快事。"还有用长得像葫芦一样的瓠叶和羊肉一起炖出来的浓郁的瓠羹；用大料和酒焖煮的酒煎羊；用羊网油裹着羊脸肉炸出来的羊头签；还有脱皮羊饭、羊皮腤等。

还有各种比较杂的副食类的一些小食，比如姜虾、酒蟹、鹿脯、血羹、虾蕈、决明兜子、姜辣萝卜、灌汤包、鹿鸣饼等，在《东京梦华录》中都有详实的记录。光是夏季的冷饮，笔记里就提到"砂糖绿豆""甘草冰雪凉水""沙糖冰雪冷元子"。在东京开封，通过《东京梦华录》，还能发现许多品牌店家，类似于今天的网红店，比如王楼梅花包子、曹婆肉饼、薛家羊饭、梅家鹅鸭、曹家从食、徐家瓠羹、郑家油饼、王家乳酪、孙好手馒头、桥西贾家瓠羹等等，甚至于留下点评"唯州桥炭张家、乳酪张家，不放前项人入店，亦不卖下酒，唯以好淹藏菜蔬，卖一色好酒"，饼店"唯武成王庙前海州张家、皇建院前郑家最盛，每家有五十余炉"。《东京梦华录》内容丰富，几乎无所不包，从皇宫建筑到官署街坊，从饮食起居到岁时节令，从歌舞曲艺到婚丧习俗，将一个"漕运四渠""四水贯都"的开封府记录得如此周祥和细致。

同样是记录和描述12世纪北宋东京开封府，如果说孟元老的《东京梦华录》是一本回忆录的话，那么张择端的《清明上河图》就是一卷风俗画。对应《东京梦华录》去看《清明上河图》，或者比照《清明上河图》去读《东京梦华录》，两者互为印证，相得益彰，"图"像是"录"的照片集，"录"却是"图"的文字版。中国城市的物质和文化生活在两宋时期突飞猛进，11到13世纪之间，北宋都城开封与南宋都城临安的繁华程度都领先于世界各国的其他城市。

仔细看《清明上河图》，里面有很多路边店，还有一些卖小吃的店铺叫脚店，也就是一些临时的小型店铺，画里各种各样的店铺画得非常形象，所以《清明上河图》是反映宋代社会生活史一个最为形象的写照。画里这些不同的餐饮店，既有那种可以觥筹交错、推杯换盏的大型酒楼，也有一些可以充饥果腹的小型饭馆，比较明显和特殊的有两处到三处，可以看到画中存在非常鲜明的外卖现象。在今天，很多人都有过叫外卖的体验，很容易在手机上找到附近的餐馆订购外卖食品，穿着外卖制服、骑着电动车的送餐小哥就把给你包装好的食物送到你门口。一千多年前的宋代也一样有外卖，《清明上河图》就画出了两三处非常形象的外卖，一处外卖的食品是裸露可见的，大概是买与卖两地非常近，好像食客在这家馆子点了一个菜，但这家馆子没有，然后这家馆子就上街对面那家馆子给食客点了他想要的菜，画面这一处表现的是对面那家餐馆的伙计正在过街，一手端一盘子，高高兴兴地给这家餐馆送过来。还有一处应该是送餐到更远一点地方的外卖，送餐伙计头上顶着一个方盘子，方盘子上放着两三层的食盒，一层一层地码好，这位伙计看上去稳稳当当地在路上走，没有刚才那位伙计端着两个盘子怕凉了所以小跑的架势。这位头上顶着食盒、走得很稳的伙计，手上还拿着一个可以交叉折叠的桌子，到了订餐地点，桌子可以打开放平，然后把头上的食盒一样一样地摆上。虽然宋代食物外卖的包装跟今天不一样，但从订买到送卖的形式和本质，两者毫无差异。宋代的餐饮文化已经是多民族的融合，从《东京梦华录》里面记载的很多饮食可以看出，除了很多具有河南当地特色的饮食外，不少食品来自少数民族地区，更有一些是西域过来的，或者慢慢演化成我们自己的食品，这显然是丝绸之路交流带来的结果。

宋代是"世俗文化"与"士大夫文化"高度融合的时期，文人对于饮食极度关注，如北宋苏轼在其诗、词、文赋甚至书法作品中都有关于饮食的陈述。南宋陆游仅仅是关乎饮食的诗作就达百余首之多。《客亭》中的"乘兴村村俱有酒"，可见就是在村野乡间也有酒肆食棚。仅在《东京梦华录》《枫窗小牍》等笔记中，汴梁有名的餐饮店如前所述，不尽其数，其中不乏当时的名店，价格可比一般同类店铺高出一两倍，尽管如此，顾客仍然趋之若鹜。这里面有卖蒸食的、细点的、卤味的、乳品的等，琳琅满目。而在《清明上河图》中也大致可见那种前店即食，后店操作，即做即食的场面。无论是正店还是脚店，规模不同，但是操作的形式大体相似，也正是依靠本店自己的独特操作，才能保持了这些名店的特色和风味，名噪一时。

太远的外卖形式，资料不好准确地查证，但是自从宋代以来，由于城市经济的高度繁荣，饮食业大为发展，街巷中的餐饮店铺鳞次栉比，在许多史料笔记中都有详细的记载。所谓"处处拥门，各有茶坊酒店，勾肆饮食，市井经纪之家，往往只于市店旋买饮食，不置家蔬""处处各有茶坊、酒肆、面店、果子……"。这些在记录北宋和南宋社会生活的著作《东京梦华录》《武林旧事》《梦粱录》中随处可见,说明宋代城市居民的生活和饮食已经有了质的提升,发生了与旧日农耕生活方式有很大区别的改变。

比较有意思的是,《癸辛杂识》还记载了南宋第二位皇帝宋孝宗,虽居深宫,却不乏情调,喜欢不时叫点市肆里的外卖,调剂宫廷御膳,换换口味。皇帝叫外卖,叫作"宣索",也是市井小店的荣幸。宋孝宗"宣索"的饮食其实都很普通,如"李婆杂菜羹""贺四酪面""臧三猪胰胡饼""戈家甜食"等,其实都是些市井小吃。吃得高兴,除了市价之外,皇帝还要给额外的赏赐。

北曲和南戏

中国历史上的宋元时期,一直是元朝和南宋对峙的一个状态,因为当时北方是元代,但南方还是南宋,因此也就存在了一个北曲与南戏并存的时代。北曲又叫北杂剧或者元杂剧,元杂剧是这个时代北方传统戏曲,实际上它形成于北宋,兴盛于元大德年间,时间大概是13世纪后半期到14世纪。有一本记录元杂剧作者的书叫《录鬼簿》,是钟嗣成编著的,《录鬼簿》里所记录的元杂剧作家绝大部分是大都人(也就是今天的北京人),还有山西人,最有名的"元曲四大家",除了马致远是大都人(好像还有异议),其他关汉卿、郑光祖和白朴三位都是山西人。北曲分戏曲与散曲两种,戏曲是要通过舞台来演出的,有曲折的故事情节;而散曲是为了清唱,可以看作是曲作家情感的自我表达。通常戏曲必须是一个带四组套曲的完整结构,一折戏一个套曲,每个套曲只限

一个宫调,这样贯串全套,保证了每个乐章前后的调性统一。散曲就较为灵活一些,它可能是一首单乐章的小令,也可能是多乐章组成的套曲,这种套曲又叫散套。

北方是北曲,到了南方就是南戏。真正的南戏在什么地方呢?并不在昆曲的发源地苏州,而是在今天的浙江地区,尤其是嘉兴府的海盐腔和宁波的余姚腔,这两个声腔是南戏的基础发源地。

在南戏里有四出很有名的戏合称"荆刘拜杀","荆"指的是《荆钗记》,讲的是温州穷书生王十朋和钱玉莲的故事。"刘"指的是《刘知远白兔记》,讲的是五代后汉的开国皇帝刘知远和李三娘的故事。"拜"指的是《拜月亭》,讲的是大家闺秀王瑞兰和秀才蒋世隆的故事。"杀"指的是《杀狗记》,讲的是东京人孙华、孙荣兄弟俩的故事。北曲也有很多剧目,关汉卿的剧目有《窦娥冤》《望江亭》,其他元曲剧作家的作品还有马致远的《汉宫秋》、白朴的《梧桐雨》、纪君祥的《赵氏孤儿》等。至于昆曲,应该说在这个四大声腔里是最小的小弟弟,问世的时间也最晚。南方在南宋的时候开始就有南戏了,到了明代,南方的戏曲非常兴盛,待昆山腔被魏良辅改造并振兴后，和浙江的余姚腔、海盐腔，还有江西的弋阳腔，并称为南戏"四大声腔"，在江南一带广泛传唱。"四大声腔"的记载最早见于明代戏曲家徐渭的《南词叙录》，实际上当时还有一个叫"潮泉腔"，形成和流行于闽南和粤东。

有了一个好的曲子，接下来就是演一部好戏。当时元杂剧的一些剧目也传到了南方，很多剧目是南戏北曲都在演，比如明代戏曲作家李开先的《宝剑记》。《宝剑记》讲的是林冲，林冲上场后第一首从曲牌来讲就是"点绛唇"："数尽更筹，听残银漏。逃秦寇，好教我有国难投，那搭儿相求救。"这在南昆和北昆里都有演的，但是说实话，南昆演这种比较高亢的一些曲目就不如北方的昆高腔或者是高腔更适合。还有像关汉卿的《单刀会》，《单刀会》的一折"新水令"，讲的是关羽带部将周仓驾着小舟一叶，跟鲁肃在江边见面，最后看到滔滔江水，周仓发出感慨，这哪里是江水，这是"二十年流不尽的英雄泪"。联想当年的赤壁鏖兵，这是非常悲壮的。但如果采用南昆的水磨调来演唱这一段，相对来说就不如北曲那么高亢和悲壮。

到今天,大家别以为这些东西完全失传了,我认识一个大夫,他是做按摩理疗的,他的老家是河北高阳的,有一次他到我家来做按摩,把他手机里录的一段视频让我看,他说"我不懂这个,但是我喜欢",就像农村炕头上,一个可能没有任何文化的壮汉或者村妇,都会唱上两段一样。视频录的是《宝剑记》,林冲夜奔的故事,按摩师居然唱了一折,虽然嗓子很不好,但唱得味道非常纯正,我听了之后非常惊讶。还有一次,我在杭州讲座,有人提问,说元杂剧它的声腔是什么?现在还有没有保存?我当时告诉大家,元杂剧当时演出的声腔今天已经不存在了,它不像南戏的昆曲、海盐腔和余姚腔,还有保留,即便今天作为非物质文化遗产保存下来的余姚腔,也不完全是最原始的余姚腔,原始的余姚腔已经完全不可考了。然后大家说,既然不可考了,那为什么《窦娥冤》等关汉卿的剧作还在演呢?我当时的回答是,对不起,今天他们是用其他声腔来演出的,比如说用梆子腔,用北方的高腔,用昆腔。

当然,南戏和北曲都是有交流的,在不断碰撞和交融中,北曲和南戏都曾改编来自对方的剧目,比如南戏《赵氏孤儿》

就是根据北曲《赵氏孤儿》来改编的。运河实际上就是提供南戏和北曲相互交流的一个重要通道,元灭宋后,随着元朝势力范围的南移,一大批北方文人、作曲家或者主动或者被动地迁移到南方,关汉卿也是沿着运河这条通道南下抵达杭州的。

元四家和吴门画派

中国唐宋时期有很多著名画家,比如画《步辇图》的阎立本、画《江帆楼阁图》的李思训、画《明皇幸蜀图》的李昭道、画《虢国夫人游春图》的张萱、画《送子天王图》的吴道子等等,这些都是唐代的绘画大师。宋代有张择端,他的《清明上河图》是中国风俗画的里程碑;还有画《五马图》的李公麟;"北宋三大家"的李成、董源和范宽;"南宋四大家"的刘松年、李唐、马远和夏圭。还有一个人物不得不提,那便是宋徽宗赵佶,这位诗、书、画皆精通的君主被后人评为"诸事皆能,独不能为君耳!"。几乎一直到南宋,这些画家大部分是北方人。

到了元代以后,北方的绘画作品相对来说依然存在,也很不错,但南方一批画家开始崛起,随之而来的是画风也有所改变。比如说元代的"元四家","元四家"有两个版本,一个是明代董其昌的版本，就是吴镇、王蒙、黄公望和倪瓒这四位著名的画家；另一个版本出自明代王世贞，"元四家"仍然有吴镇、王蒙、黄公望，但倪瓒变成了赵孟頫。可以说"元四家"各有自己的风格，吴镇师承南派山水画开山鼻祖董源的山水画法，更多地吸收了原来唐宋传统。王蒙创造了"水晕墨章"，丰富了山水画的表现技法。黄公望和倪瓒更多的是在山水画的布局里面，从比较紧凑变成相对舒朗，从高原视角变换成了平原视角，这和他们所生长的环境有着密切的关系。倪瓒虽然在用墨上比较舒朗或者粗犷，但是却有一种很精致的感觉。这几位画家都是南方人，倪瓒是无锡人，他最后葬在江阴，吴镇、王蒙和黄公望分别是浙江嘉兴人、湖州人和平阳人。

"元四家"的山水画实际上是一个承前启后的时代，前承唐宋，后启明清，可以说是中国绘画史上一个重要的历史时期，在这一时期，作品尚意趣，重笔墨，人物画、花鸟画走向低谷，山水画却达到了高峰。"元四家"为后世留下了不少传世杰作，比如《渔父图》《嘉禾八景图》《青卞隐居图》《富春山居图》《水竹居图》《松林亭子图》等等。从当时的交通来讲,运河提供了一个文化交流的渠道,很多北方画家到南方来采风,或者江南一带的画家互相走动切磋,都跟运河有一定的关系。

这里还有一个历史之谜,就是元朝对江南文化到底产生了多大的影响。与后来满清大规模屠戮给江南带来的灾难有所不同,元蒙的怀柔政策并未在江南引起太大的震荡。吴江的九里石塘,也叫运河古纤道;苏州垂虹桥从木桥改为联拱石桥;京杭大运河的疏浚和开凿,都是在元代时期完成的。"南人求名赴北都,北人徇利多南趋",南方人坐舟赴北京奔功名,北方(蒙古)人乘船南下追利禄,他们彼此在运河上交错。蒙古人萨都剌才华出众,南来北往多次行走在大运河上,写下"灯火官船夜睡迟,满湖风露袭人衣。"(《再过梁山泊有怀志能二首》)"满树嫩晴春雨歇,行人四月过淮时。"(《初夏淮安道中》)等诗作,被人誉为"运河诗人",与倪瓒交往甚密。元初名将宁玉积功升官浙西,终老于运河边的吴江。在这样的氛围之下,出现"元四家"也就不难理解了。

元代之后是明代,由于苏州的繁盛,明代苏州的绘画市场非常大,由此产生了"明四家",他们是沈周、文徵明、唐寅和仇英,这四人均为明朝南直隶苏州府人,所以也叫"吴门四家"。这四家的出身和经历并不完全相同,风格也是迥然不同。沈周是"明四家"的创始人之一,师法"元四家",代表作品有《仿董巨山水图》轴、《沧州趣图》卷,他和文徵明基本上出生于文人世家,或者他们的前辈就是画家,沈周比较大大咧咧,别人画了画,让他在画上题首诗、署个名他也干,是个老好人。文徵明诗文书画,无一不精,他一生的创作非常多,对于书法的研究非常深,在文学上与祝允明、唐寅和徐祯卿并称"吴中四才子",代表作《万壑争流图》《中庭步月图》目前都收藏在南京博物院。唐寅也就是唐伯虎,很多国人以为这位才子一生多金又浪漫,而实际上唐寅一生痛苦而悲惨,代表作之一《秋风纨扇图》恐怕就是画家的内心写照:万物凋零,岁月流逝,遭世抛弃,万般无奈。仇英出身工匠,早年漆工,兼为人彩绘栋宇,年轻时以善画结识了文徵明和唐寅,从多面手来说,仇英什么都能画,但最为世人称道的是其"青绿"技法,而真正展现仇英集大成功力之作是《剑阁图》,灵感来自李白《蜀道难》,

整幅画气冲霄汉，令人赞叹不已。

参照张择端开封版《清明上河图》的构图形式，仇英创作了一幅苏州版的《清明上河图》。仇英的《清明上河图》属于工笔重彩风，描绘了明朝时期苏州城从远近郊到城内，再到宫城等清明佳节的情景，画中人物超过两千，画中"书坊""染坊""青楼""南货""描金漆器""精裱诗画""打造锡器""女工铜针"等诸多细节，无不显示出明代的苏州特色，目前存世的作品有台北故宫博物院藏本、青州市博物馆藏本和辽宁省博物馆藏本。

到了明末，就有人开始和他们"叫板"了，主要是以董其昌为首，包括杨文聪、程嘉燧、张学曾、卞文瑜、邵弥、李流芳、王时敏、王鉴的"画中九友"，或者还是以董其昌为首的"松江画派"（包括以赵左为代表的"苏松派"、以沈士充为代表的"云间派和以顾正谊为代表的"华亭派"），他们认为"吴门四家"的作品迎合市场，带有商业色彩。

临清码头图

文学繁荣的源泉

中国古典文学作品,特别是明清小说和运河的关联太大了,明清两代,漕运是王朝的命脉,小说是文学集大成者,京杭大运河在空间上沟通南北,在时间上跨越千年,经济富庶,交通便利,使得沿河两岸有取之不尽用之不竭的题材,为文学家们提供了源源不断的创作源泉,也让作品得以很好的传播。明清小说最大限度地吸收传统文化的营养,经过世俗化的塑造后,通过文字以可读的形象走进千家万户。

四大名著里的《水浒传》和运河的关系最为密切,《水浒传》故事的活动区域基本上是在运河两岸,最北端到沧州,例如林冲发配的沧州,当时那里是宋朝最北端的边境,过了沧州就是辽金的地方了。《水浒传》里发生的许多故事在临清,或者聊城也就是东昌府,或者济宁地区,或者延伸到鲁南地区。其实,《水浒传》作者施耐庵的一生都与京杭运河紧密相关，他是江苏兴化人，祖籍苏州，曾在杭州做过三年官，去过河南和山东，还有苏州和江阴，多处辗转，后迁居淮安。小说里前期的故事发生在东京汴梁，待好汉们聚义时转到山东东平附近的梁山泊，那里也是黄河、大汶河和运河的交汇处。《水浒传》里的故事始终在山东运河一带打转，《水浒传》里的五虎将"双枪将董平"是东平府的兵马都监，东平府属于今天的泰安，还有"没羽箭张清"本身就是东昌府的守将。林冲发配到沧州虽然是河北，也在山东边上，跨一步就入山东境内。《水浒传》的故事发生在北宋，但成书和传播却是在元末明初，显然运河的贯通对《水浒传》的产生和流传有着重要影响。

和京杭大运河有千丝万缕关联的明清小说家不止有施耐庵，《西游记》的作者吴承恩是淮安人；《三国演义》的作者罗贯中倒是一位山西人，但他和关汉卿一样，从北方搬迁到杭州，长期寓居江南；明代著名传奇小说集"三言二拍"的作者冯梦龙是江苏苏州人，凌濛初是浙江湖州人；《儒林外史》的作者吴敬梓中年移居南京，在扬州辞世；《老残游记》的作者刘鹗是江苏镇江人；《荡寇志》的作者俞万春是

浙江绍兴人；《三侠五义》则是根据运河终点城市北京的评书艺人石玉昆的评书写成；还有那位大名鼎鼎的曹雪芹，《红楼梦》的作者，出生于南京江宁织造府，少年时随家人走亲访友时多次游历苏州、扬州、杭州和常州等地，十三岁因家中变故随全家迁回北京，可以看出，他的人生轨迹始终没有离开过运河。

除此之外，《金瓶梅》的故事就发生在运河边上，西门庆和潘金莲还有李瓶儿等等这些人，包括他们所有的生活场景，主要在山东运河边的临清。明清时期的临清是运河山东段沿岸最发达的商业城市之一，也是南方各省商货销往北方的转运枢纽，临清的繁华吸引了大量的商贾、仕子、游客前来贸易、居住与游历，众多的市井传说和离奇故事又为小说家提供了绝好的素材。《金瓶梅》对临清第一大酒楼谢家酒楼就有相当细致的描述，"里面有百十座阁儿，周围都是绿栏杆，就紧靠着山冈，前临官河，极是人烟闹热去处，舟船往来之所。"临清百业兴旺、货物繁杂，诸如当铺业、瓷器业、果品业、杂货业、盐业、粮食业、放贷业和保镖业等，书中都能见到，贩夫走卒、引车卖浆、人物纷杂、市井烟火等各类世俗文化，都被作者写进书中。《金瓶梅》的作者署名"兰陵笑笑生"，据考证应该是山东兰陵人，也就是今天的临沂，而且这本书的故事本身是从《水浒传》里引申出来的。

《儒林外史》的核心在南京，吴敬梓对南京城内运河水系有诸多描写，南京是江南科举中心，苏皖地区学子考举人要前往南京的江南贡院，考进士则要前往北京，走运河应该是常态。沿着江南运河经苏州、无锡、常州到达镇江，从运河出长江，溯江而上，便到达南京，在水西门登岸，这条航线由来已久，《儒林外史》里有详细记载。

清代民间通俗公案小说《施公案》和《彭公案》，里面有一个人物叫黄天霸，是江湖草莽，快意恩仇那种人，他的活动范围基本上是在从鲁南到淮安这一段运河地区。《施公案》小说中施世纶，历史上确有其人，他是清康熙五十四年（1715年）的漕运总督，而黄天霸则是位"漕标副将"，这些人物都和漕运相关，描绘的都是运河上的故事。

另外还有一部是跟《水浒传》针锋相对的书，名字叫《荡寇志》，鲁迅经常提到这部书，他上学的时候经常看。书的作者叫俞万春,俞万春对山东地理之熟悉令我非常佩服,我年少的时候,大概20岁左右,曾写过一篇有关俞万春和《荡寇志》的文章,可能底稿现在还有,但从来没有发表过。我非常佩服俞万春的一点是,他把山东的地理研究透了,从哪儿到哪儿,比如从兰陵到泰安,他把时间算得准确极了,一天多少时间走多少里,是行路还是乘船,运河山东段整个周边的地理,俞万春研究得太清楚了。《荡寇志》虽然从内容上说是反水浒的,小说的主人公是陈氏父女,陈丽卿和她父亲陈希真怎么样联合了《水浒传》中漏掉的人,比如说扈三娘的弟弟等,这些人都联合在一起,组成了一个反水浒反梁山的大同盟,力图消灭梁山义士。书的宗旨与《水浒传》背道而驰,但作者俞万春本人的地理知识确实非常丰富。

明末清初,苏州有位著名文学评论家叫金名采,明代亡朝后改名金人瑞,字圣叹,因点评《水浒传》《西厢记》而出名。我有个老同学,比我高一届,是齐白石的孙女婿。我那个时候逛琉璃厂,累了就到荣宝斋二楼我这位同学的办公室里喝茶歇一歇,有一次他拿出一个手卷出来让我看,他说你看看这是谁的东西,并盖住落款不让我看,让我猜作者是谁？我整个看了一番，感觉字写得一般，但内容全是讲河流地理的。最后他把手抬起来，我一看，"金人瑞"，就是著名的金圣叹啊！金圣叹对京杭大运河山东段的地理太熟悉了，从哪儿到哪儿，比如，从山东鱼台到青州走一趟要花多长时间，他居然记录得清清楚楚。

还有一本明末清初的长篇小说《醒世姻缘传》，虽然故事背景主要是山东济南府，故事情节也和运河不无关联，比如第六回"小珍哥在寓私奴，晁大舍赴京纳粟"，晁大尹坐船经过济宁，"老早就泊了船，要上岸买二三十斤胭脂，带到任上送礼"，这里所说的济宁胭脂在当时知名度颇高，已成为官员送礼的特产。再比如第二十一回"片云僧投胎报德，春莺女诞子延宗"，详细叙述了东昌府一带生子习俗，提到"生子之家，把那鸡蛋用红麹连壳煮了，擀了面，亲朋家都要分送""看孩子洗三的亲眷们，也有银子的，也有铜钱的，厚薄不等"等等。

再来看看冯梦龙和凌濛初的市井小说集"三言二拍"，这些小说既不讲叙事宏大的历史故事，也不讲缠绵悱恻的爱情故事，讲的都是社会下层民众的生活故事，有公案故事、有奇遇传说，神仙道化，伦理纲常，具有浓郁的市民文学色彩。"三言二拍"还有一大特点，就是运河沿岸城市商人生活的题材在小说中出现了，"二拍"有120篇故事，写商人生活或者以商人为主人公的占到50多篇，这从一定程度上反应出明代中后期城市商业的繁盛。由于凌濛初出生在一个既商亦宦的家庭，他的"二拍"中商业题材的比例就超过了冯梦龙的"三言"，"二拍"共写了80篇故事，40多篇的故事发生地点在杭州、苏州、常州、镇江以及应天府（今天的南京）、松江府等南运河沿岸城市。明清小说的兴盛还和运河沿岸城市民间书坊的积极参与和推介有很大关系，当时杭州、苏州、南京书坊林立，刻书业相当繁荣，为快速且大量刻印通俗小说提供了平台，冯梦龙的"三言"甫一出版，苏州、南京等地的书商就竞相传刻，广泛印行，版别也非常多，凌濛初之所以能够在冯梦龙"三言"刚刚问世，就推出《初刻拍案惊奇》，是书商主动向他约稿的缘故。

最后来看看《红楼梦》，《红楼梦》跟运河有什么关系？还真有关系。在《红楼梦》这个大舞台里，运河是暗场，不是明场。《红楼梦》的故事开始于苏州阊门，阊门聚集了码头、渡口、桥，和运河融入一体，《红楼梦》的结尾提到了毗陵驿，是常州古运河北岸一处驿站。从一座运河城市始，到另一座运河城市终，全书是一种巧合还是作者有意的安排，唯有他自己知晓。《红楼梦》里还有一个很有意思的统计，里面起码有四个人，从文字表述来看，是走过运河的。这四个人物当中，有一个人走过一次，有两个人各自走过两次，还有一个人走过三次。走过一次运河的是贾雨村，他是林黛玉的启蒙先生，他的任务是把林黛玉送到荣国府她舅舅家中。林黛玉的母亲贾敏是贾政的妹妹，嫁给姑苏人林如海。林如海祖上是官宦之家，世袭侯爵，但到林如海这一代，已沾不到祖上之光，于是便以科举出身，考中了前科的探花，迁为兰台大夫，后为扬州巡盐御史。贾敏早逝，林如海作为父亲不好照顾她，便委托贾雨村把林黛玉送到北京，那么这是林黛玉第一次由运河坐船，也是贾雨村的唯一一次。在贾府住了三年之后，林黛玉的父亲林如海也去世了，死在苏州，林如海死了以后，贾府派林黛玉的表哥贾琏，也就是王熙凤的丈夫护送林黛玉回苏州奔丧，然后再返回北京，这样贾琏陪着林黛玉运河乘船往返了一次，贾琏来回走了两次，林黛玉往返来回加上前第一次，一共走了三次。

《红楼梦》里除了贾雨村、贾琏和林黛玉，还有一个人在运河上走过两次，那就是贾蔷。为了迎接元春回家省亲，贾府决定筹建戏班，为此贾蔷奉命到苏州买学戏的女孩子，置办乐器行头。他是成批的买，大概十几到二十个人，买回来的这些女孩子大多十三四岁，都是缠足，走路也走不了的。他肯定是坐船去的，贾蔷一去一回，也就是走过两次运河。

《红楼梦》中的很多女性都来自运河沿岸城市，林黛玉来自扬州，薛宝钗、薛宝琴来自金陵，妙玉来自苏州，香菱、芳官也来自苏州，还有王熙凤的娘家也在金陵，她们的身世和登场都与运河密不可分。

谈迁和他的《北游录》

说到运河，有一个人大家可能不太知道。这个人叫谈迁，浙江宁海人，他从明末活到清初，是一位在史学方面颇有研究的人物。谈迁早期的一部著作叫《枣林杂俎》，是一本明代史料笔记，既有一些读书的笔记，也有一些生活的笔记，对明代科举、民俗、物产、植物、山川等人文、自然景观等有详尽的描述，归属于明末笔记类作品。

谈迁写完《枣林杂俎》后，明朝灭亡了，他想自己来修一部明史。通常一个朝代的历史要由后一个朝代来修，而且一般都是官修，私人修一部明朝故国的历史，这绝对是个壮举。从明天启元年（1621年）开始，谈迁花费了很大的精力，历时20余年，前后"六易其稿，汇至百卷"，完成一部共500万字的编年体明史《国榷》。就在书稿即将付印前，意外发生了，一天夜里，一个小偷溜进了他的家里准备行窃，结果发现谈迁家里很穷,家徒四壁,无物可偷,小偷以为锁在竹箱里面的《国榷》是个值钱财物,就把竹箱偷走了,从此这部珍贵的书稿就下落不明,这一年是清顺治四年(1647年)。

谈迁痛不欲生,几度想自杀,后来经人劝阻,最后下定决心再重新写一遍。经过四年不屈不挠的努力,谈迁完成了新稿。清顺治十年(1653年),他携带书稿,随同乡朱之锡北上。朱之锡被朝廷任命为弘文院编修,而谈迁打算去北京实地考察,继续收集明末史料,修订新稿。6月初谈迁随朱之锡从嘉兴出发,沿着运河一路北上,10月中旬到达北京。

后来从他的记录里能看出,谈迁很大一部分的路程都是坐船行进在运河中,他走运河不是一气下来走到底,而是站站停,站站都要去拜访当地的士绅、前朝官员或者藏书家。就这样沿运河边走边查,边问边看,谈迁最后到了北京,重修了《国榷》,终于完成了他的心愿。现在回过头来看,《国榷》作为一部私人修史,它的价值并不是很大,但是谈迁坐船北上和三年后再坐船沿运河返回家乡这来回一路,却产生了一个颇有史料价值的副产品,这便是一部笔记,名字叫《北游录》。

《北游录》是一部很特殊的旅行日记，全书共分五个部分。其中《纪程》和《后纪程》记述沿着运河往返京城途中的所见所闻，它不但记录了谈迁每到一处，见到的人、看到的书的情况，同时还大量涉及运河河道的开挖和疏浚、沿线船闸和堤坝的修建、湖泊和水柜蓄水情况等内容。谈迁在《纪程》中，记录了整个运河的闸坝的情况，比如走到处于从鲁南到淮安、台儿庄这一运河段的时候，记录了八个非常著名的闸。台儿庄这段运河的河面最开阔，水系最复杂，通过闸门调节水位升降尤其重要。谈迁记录了很多闸门升闸（启）和放闸（闭）的情况，除记录船闸名称外，还非常详细地记录下各闸的位置以及相互之间的距离。

谈迁乘船路过临清，考察了当年的常盈仓，还在书中提到苏州浒墅钞关、扬州钞关和临清钞关。明清时期，运河沿线由于漕运的带动，人口流动和商品流通都出现上升趋势，大大小小城镇出现，其密集程度远远超过其他地区，谈迁除了详细记述济宁、聊城、临清、德州、沧州、通州等区域的城镇规模和经济水平外，对沿途的小城镇，比如泊头镇、独流镇、杨柳青、张家湾、河西务等，也有记述。

在《北游录》里，谈迁记述了前朝史事人物、各地风俗习惯、沿岸名胜古迹和楼台庙宇，以及运河两岸的城镇兴衰演变、社会秩序、赋税和劳役、农耕和商贸等方面的现状，所以此书不失为后人考察和评估明末清初时期运河区域社会、经济和文化的第一手资料。

苏州昆曲

到了明代的嘉靖时期，苏州产生了昆曲，也叫昆山腔，又叫水磨调。为什么叫水磨调呢？这是因为南方人吃水磨糯米粉，是用糯米加上水磨成粉，用石碾来磨，一边加糯米，一边要加水，磨出来的糯米粉非常的细腻。昆山腔和磨糯米粉一样，非常细致，需要花费很多功夫，一点点打磨，所以叫做水磨调，形容昆曲唱腔软糯细腻，神似江南汤圆。昆曲的创始人是昆山千墩人顾坚，千墩在今天的昆山千墩镇，千墩镇建有顾坚的纪念馆。

过去有一种说法，叫"南昆北弋东柳西梆"。南昆指的是南有昆曲，实际上昆曲在南方腔里是最晚的，是所有南方四大声腔——海盐腔、余姚腔、弋阳腔和昆山腔里的小弟弟；北弋指的是北有弋阳腔，实际上北方并不是弋阳腔的发源地，弋阳腔发源地在南方江西，弋阳腔北上以后和河北的高腔结合在一起；东柳指的是东有柳子，柳子戏发源于山东地区；西梆指的是西有梆子，陕西有陕西的梆子，山西有山西梆子（晋剧），其实还有各路的梆子，比如西路梆子（前身是山陕梆子，是河北梆子的雏形）、蒲州梆子、北路梆子、上党梆子等等。实际上我认为这个提法并不科学，因为很多东西之间都有密切的交流。弋阳腔发源于江西，从江西北上后吸取了一些北方声腔的元素，最后也变成了北方声腔，但是并不能代表北方流行的高腔，特别是到了北京以后的京高腔。梆子也不仅仅局限于西部，安徽地区长江边上的安庆（过去的安徽省会），也有安庆梆子，其他地区诸如山东、淮北、徐州都有自己的梆子戏，就像戏曲的发源地湖北和安徽也都有各自的曲调。山东的柳子戏实际上也往南方走，各戏曲都是互为影响的，所以把它局限于"南昆北弋东柳西梆"的说法，并不是十分科学。

今天喜欢昆曲的大多都是老年人或者大专院校里面高层次的学子，实际上昆曲在清朝康熙到乾隆年间非常流行，影响极广。那时候昆曲在北方的贩夫走卒中普及程度非常高，有一句俗语叫做"家家'收拾起'，户户'不提防'"，"收拾起"和"不提防"分别是两个曲牌的第一句唱词,这句俗语形容家家甚至于人人都会唱昆曲,可见清初时期昆曲流传之盛。

第一个曲牌是《千忠戮·惨睹》。《千忠戮》这个戏名有两种写法,一个是杀戮的戮,一个是禄米的禄,写作《千钟禄》,其中的一段叫"惨睹",写的是永乐帝向北攻打,建文帝逃跑,戏里主角是建文帝,建文帝边走边唱,头一句就是"收拾起大地山河一担装,四大皆空相",他的政权已经不复存在了,被永乐帝给夺取了,而建文帝也不知所踪。这句唱词当年家家都会唱。

第二个曲牌是《长生殿·弹词》。《长生殿·弹词》是清代剧作家洪昇的作品,写的是唐明皇与杨贵妃之间的爱情故事,赞美他们之间生死不渝的爱情,但同时也用了相当大的篇幅描写了历史政治,抒发了家国兴亡之叹。《弹词》是《长生殿》中第三十八出,写的是天宝年间(742—756年)的内廷艺人李龟年流落江南,回顾当年荣华富贵、安乐平静的生活,对照安史之乱后,种种灾难性现实,抒发了沉痛的故国之思和兴亡之感,全曲的风格慷慨悲凉,如泣如诉。唱词头一句是"不提防余年值乱离,逼拶得歧路遭穷败",意思是我老了还碰上这种战乱。杜甫在唐诗《江南逢李龟年》写到,"岐王府里寻常见,崔九堂前几度闻。正是江南好风景,落花时节又逢君。"诗里提到的"君"正是李龟年。杜甫碰到他的时候,一个闻名内廷的音乐家已经变成了盲流和乞丐。

乾隆末期就出现了花雅之争、正声与乱弹之争的现象,一般把昆曲叫作雅乐,把其他的剧种都叫作花部;把昆曲叫做正声,把其他的剧种都叫做乱弹。所以昆曲的北上,昆腔作为整个戏曲的主导,一枝独秀,从昆曲创建的明末一直到清代乾隆以前,足足红了150年。这期间产生了很多剧作家,比如清初就有"南洪北孔"之说。南方洪昇,杭州人,最主要的代表剧目就是《长生殿》。北方孔尚任,曲阜人,代表作《桃花扇》,写的是"明末四公子"之一侯方域和秦淮名妓李香君的故事。

昆曲由于有了这些剧作家,有了这么美好的声腔,有了这么丰富的剧目,所以当时在剧坛占据重要的地位。清乾隆五十五年(1790年),发生了一个重要的事件。这一年为给乾隆祝贺八十大寿,所以从扬州征调了以著名戏曲艺人高朗亭为台柱的"三庆"徽班入京为乾隆祝寿,这就是中国京剧发展史上一个里程碑事件"徽班进京"。

为什么要从扬州征调艺人戏班进京呢?扬州是运河上长江以北、淮河以南的一个重镇,是盐商聚集的地方,非常繁盛奢华。这可以从很多笔记中读到描绘扬州繁华的记载,比如李斗的《扬州画舫录》等。乾隆的数次南巡刺激了运河沿岸戏曲的发展,其中以扬州尤为突出。两淮盐务衙门在盐商的财力支持下,蓄养花部、雅部两部戏班以备南巡迎驾之需,各地戏曲班社、制曲人、艺人纷纷聚集扬州。当时里下河地区的戏曲演出以徽班为主,他们大多以安庆和扬州为中心,巡回演出于长江和运河中下游各城镇码头,四大著名的徽班三庆班、四喜班、和春班、春台班就兴起于安庆一带。另一个是从长江上游往下走,主要是湖北、安徽的艺人,人称"皮黄","皮"是西皮,"黄"是二黄,西皮是湖北的声腔,二黄是安徽的声腔,西皮和二黄组合起来叫作"皮黄"。皮黄合起来以后也是沿着长江落脚在扬州,加上昆曲在扬州也是非常繁盛,尤其扬州盐商还提供优厚条件,不惜重金聘请名角,长期供养一些精于词曲的名家,扬州一时成为全国

重要的戏曲中心,组建"七大内班",创作"迎銮大剧"。等到乾隆要做八十大寿的时候,一切都水到渠成,顺理成章。

四大徽班陆续开赴北京演出,不仅为乾隆皇帝八十大寿增加了浓烈的喜庆气氛,也给当时的北京市民带来了丰富的文化生活。

魏良辅和梁辰鱼

讲到昆山腔不能不提到两个人，一个人是魏良辅，他是位戏曲音乐家，南昌府新建人，新建是今天的江西南昌。另一个人是梁辰鱼，是位剧作家，苏州府昆山人。明嘉靖时期，魏良辅在其他声腔的基础上，兼收了当时流行的海盐腔、余姚腔和江南民歌小调的特点，创造了一种非常细腻的水磨腔，后来称之为昆山腔。魏良辅对伴奏的乐器也进行了大胆改革，在原来单调的弦索、鼓板伴奏中，加入了笛、箫、笙和琵琶等乐器，丰富了音色，改进后的昆山腔主要由丝竹来伴奏。丝是弦乐，包括弹弦乐或叫弹拨乐，比如琵琶、阮、月琴等；还有拉弦乐，比如二胡、京胡、板胡等；竹是管乐，主要有笛、箫等。

今天看京剧，除了单皮鼓以外，它主要的伴奏乐器是京胡，其他的都是次要的，后来旦角又添加了京二胡。在京剧里,伴奏员叫琴师,但昆曲最主要的伴奏员却是笛师,因为昆曲里面主要用笛子来伴奏。笛子伴奏不像拥有京胡和京二胡的京剧乐队那么丰富,在昆曲里主要以一个人唱为主,笛子作为主要的伴奏比较轻柔、雅致。魏良辅对昆山腔从声腔、乐器的伴奏,以及整个调式,做了一个很重要的革新和创造。今天之所以有昆曲,不能忘记魏良辅。昆曲在魏良辅改进之后,唱腔华丽,念白儒雅,音乐瑰丽多彩,给人耳目一新之感,新腔曲子一经推出,立刻征服了听众。

自从昆山腔的创立出世后,轮到另外一个著名的剧作家开始施展才华了,他就是梁辰鱼。一般来说,一部戏由四个部分组成,就像一部交响乐有四个乐章一样,昆曲也由四大出组成,每一出中又有很多的不同的曲调,这些基本上是梁辰鱼奠定的。在魏良辅对昆腔进行加工整理的同时,梁辰鱼创作了以昆腔为演唱形式的剧目《浣纱记》。《浣纱记》是根据明代传奇作品《吴越春秋》改编的,讲得是伍子胥的故事,20世纪80年代江苏昆剧院创作的昆剧《西施》,包括后来演变成京剧的《文昭关》等戏,都和《吴越春秋》《浣纱记》有着密切的关系。《浣纱记》长达四十五出,剧中《回营》《转马》《打围》《进施》《寄子》《采莲》《游湖》等出，一直是昆曲舞台上经常演出的优秀折子戏。因为《浣纱记》是第一部用改革后的昆山腔编写的剧本，所以梁辰鱼奠定了昆曲演出的形式，同时，也为他自己奠定了在中国戏剧历史上的地位。

昆曲《浣纱记》不是一晚上能演完的，整个一出戏演完大概要三四个晚上，每晚上演上三到四个钟头，分三四天演完这是很正常的事情。它的唱词有很多不同的曲牌组成，比如"点绛唇""皂罗袍"等。梁辰鱼在《浣纱记》中对伍子胥的性格解读和人文抽象，自觉地迎合了士大夫意识和贵族意愿，戏中竭力张扬的吴人的思想情感和节操气度，同样获得了更为广泛的社会基础。对《浣纱记》，明代戏剧评论家潘之恒曾如此称赞"一别长干已十年，填词赢得万人怜。"《浣纱记》在很短的时间内就通过运河传播到了北京，当时走陆路相对来说既艰苦也缓慢，走水路相对来说比较快，中途还能休息，可以说，运河是南北方戏曲传播和交流非常有效和便捷的一个大通道。

明代产生过很多非常伟大的戏曲家，比如说高濂、周朝

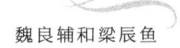

俊、汤显祖，其中以汤显祖最为杰出。汤显祖是江西临川人，他创作的剧作很多，主要有《牡丹亭》《紫钗记》《邯郸记》《南柯梦》，所以他的剧作也叫"临川四梦"，其中影响最大的就是《牡丹亭》。《牡丹亭》的唱词之所以能被那么多人传唱，是因为它曲调太美，从17世纪初流传到今天，使它成为中国文学最重要的一个组成部分。汤显祖也被誉为与莎士比亚同时代最伟大的戏剧家。《牡丹亭》由很多不同的曲牌组成，比如说其中《游园》这一折，有两段非常美，一段是"步步娇"，另一段是"皂罗袍"。"步步娇"完全描绘出一个少女在花园里面当时的心态，前面她被老师逼着念书，后来好容易到花园里面去享受明媚的春光，诗句把少女那种羞涩的心态描绘得淋漓尽致："袅晴丝吹来闲庭院，摇漾春如线。停半晌、整花钿。没揣菱花，偷人半面，迤逗的彩云偏。步香闺怎便把全身现！"在游园一折中，对园子里春天的描述："原来姹紫嫣红开遍，似这般都付与断井颓垣。良辰美景奈何天，赏心乐事谁家院！朝飞暮卷，云霞翠轩，雨丝风片，烟波画船，锦屏人忒看的这韶光贱！"这段唱词是《牡丹亭》里最有名的一支曲子，语言精美，韵律优雅，历久传唱而不衰。

昆曲跟北方的剧目不一样，在咬字上有很多的入声字，比方说特不能念特，而是用很短促的声音念出，北方字就不是入声字。再比方说"落"字，在南方也是入声字 luò，这东西落下来，但是到北方读成 lào，老鹰 lào 地了。还有鲜血的"血"，在吴音里面，它是短促的入声字，入声字就是念出去马上就收回来，读成 xuè，可到了北方读成 xiě。

自从昆曲的问世以后，大多都是通过运河向周边快速发散和传播。因为陆路传播并不快捷，那个时代很多人的旅行是通过舟船完成的，船可以行可以停泊，很多戏班子是跟着船在运河上流动，运河沿途的城镇又都是些经济活动发达，文化生活也相对繁荣的城镇，如扬州、淮安、苏州、杭州以及北方山东的聊城、济宁、德州等，莫不如此。戏班子到哪个地方演戏，那么这个地方看演出的观众就接受了这种新的唱腔、曲调和剧目。昆曲借助运河的流动，很快就流传到了北京。

之前说过，乾隆五十五年（1790年），"徽班进京"是京城发生的一桩大事。一开始推荐到北京祝寿的戏班只有一个，名字叫三庆班，班主叫高朗亭，他带着三庆班，从扬州乘船出发，经过运河到了北京，第一次进京的三庆徽班即崭露头角，引人瞩目。以后更多的班社，在不断地重新组合下也陆续进京，这才有了后来在业界比较有名、在北京城站得住脚的所谓"四大徽班"。"四大徽班"是三庆班、四喜班、和春班和春台班的并称，是以安徽籍特别是安庆地区的艺人为主，兼唱二黄、昆曲、梆子、啰啰腔的戏曲班社。实际上四大徽班并不是同时进京的，都是从扬州推荐到北京，也都是从运河坐船到的北京。这四个班社，各有各的特长，当时一个流行的说法是"三庆的轴子，四喜的曲子，和春的把子，春台的孩子"。"三庆的轴子"指的是三庆班以演出整本连台大戏见长，比如三国的故事等；"四喜的曲子"指的是四喜班以演唱昆曲戏著称；"和春的把子"指的是和春班以擅演武戏取胜，"把子"就是武戏、武把子；"春台的孩子"指的是春台班以童伶出色。后来陆续进京的不止这四大徽班，随着各种班社逐渐在北京增多，昆曲一统天下的正声或雅部的主导地位在逐渐衰落或削弱，北京的舞台也发生了变化，乱弹、花部的地位在不断地提高。

还有一件事情,是嘉庆皇帝整治八旗子弟,也和戏曲有关。整顿八旗风气的规矩有很多条,不但是不许听戏,还包括禁止旗人赌博,不许穿衣奢华,不许进茶馆等等。不许旗人进戏院听戏是有历史传统的,过去康熙、雍正都发过上谕,但这一回嘉庆是下令将内城戏院全部关闭。清朝皇上下圣旨禁止官员和八旗子弟听戏,是因为怕满清官员和八旗子弟迷恋于这种声腔,玩物丧志,迷失在花花世界里,把清朝的江山丢了。嘉庆不让旗人听戏,也不让他们唱戏,嘉庆十一年(1806年),嘉庆还因为有人举报,把被举报的参与唱戏的一众八旗官兵统统销去户籍,发往伊犁充当苦差。其实这些上谕也罢,禁令也罢,都形同虚设,旗人依旧非常喜欢戏曲,该去的照样去,所谓有令不行,有禁不止。

北京东便门大通桥图

同光十三绝

"同光"指的是清朝同治年间到光绪年间,时间大约是1862年到1908年。实际上我认为今天舞台上看到的京剧基本上形成于道咸时期,也就是还要再早一些,从1821年到1861年,到了同光时期,京剧已经比较兴盛了。光绪年间北京出现了很有名的一张画,叫做"同光十三绝",画家是沈蓉圃。

故宫博物院里收藏有一幅画《松凉夏健图》,是由当时御前画师贺世魁所作,裱边还有道光帝的题字"传神第一"。贺世魁还画过一幅画卷《京腔十三绝》,内有霍六、虎张、恒大头等十三名京腔演员,挂在北京前门廊坊头条南纸店里。沈蓉圃可能是参照贺世魁所绘《京腔十三绝》的形式,挑选了同治到光绪时期京剧舞台上享有盛名的十三位昆曲、京剧的著名演员,用工笔重彩的画法在一幅画上把他们所扮演的剧中角色一一绘制出来,个个栩栩如生。这幅工笔写生戏画像完成之后,挂在北京前门廊房头条东口"诚一斋"店铺里,非常引人注意,流传很广,传世以后被称为"同光十三绝"。

这十三位本来是京剧演员,但我觉得"京剧"这个词不能用,还是要改成"皮黄"更好。"同光十三绝"这幅画,顺序从左到右,无论上下,十三位依次是郝兰田,安徽怀宁人,老旦,他演剧目《行路训子》里的康氏;接下来是张胜奎,北京人,演的是剧目《一捧雪》里的莫成;然后是梅巧玲,江苏泰州人,是梅兰芳的祖父,画上胖胖的、脸很白,剧目是《雁门关》,角色是萧太后;再下一位是刘赶三,天津人,演的是《探亲家》里的乡下妈妈;然后是余紫云,湖北罗田人,在《彩楼配》里演王宝钏;接着是程长庚,安徽潜山人,在《群英会》里演鲁肃;最中间的是徐小香,江苏苏州人,演的是《群英会》里的周瑜;接下来是时小福,江苏吴县人,演的是《桑园会》里的罗敷;再下一个是杨鸣玉,江苏吴县人,饰演丑角,人称"苏丑",(当时丑角说的是苏白,今天丑角甚至不是韵白,基本上是京白,当时的很多丑角都说苏白,说苏白非常有意思,比说京白更有意思),杨鸣玉死了以后,说实话没有人能承担这种苏丑的重任了,当时又赶上李鸿章与洋人办洋务和谈,有些愤青就做了这样一幅对联,叫"杨三已死无苏丑,李二先生是汉奸",固然是句玩笑话,但说明杨鸣玉在人们心中的地位很高,他应该是苏丑里面的翘楚;再接下来是卢胜奎,江西人,也有说安徽人,演的是《战北原》里的诸葛亮;然后是朱莲芬,江苏元和人,元和在今天的苏州,他演的是《玉簪记》里的陈妙常,穿的是道姑的衣服;再下一个是谭鑫培,湖北武昌人,是当时最年轻的演员,也就是谭门七代的第二代,谭富英的祖父,演的是《恶虎村》里的黄天霸;最后那一位是杨月楼,安徽安庆人,演的是《四郎探母》里的杨延辉。画里这十三位皮黄演员,在当年都处于表演的鼎盛时期,可以算是徽班进京后由演唱徽调、昆腔衍变为京剧的十三位奠基人,同光时期是京剧非常兴盛的时期,奠定了京剧真正一统天下的局面。用今天的眼光来看,《同光十三绝》这张画很形象地表达出当时戏曲追星族的一种心态。这幅画里囊括了梨园名家生、旦、丑三个行当里老生、武生、小生、青衣、花旦、老旦和

丑角，非常形象地描绘出京剧繁盛时期诸多京昆艺术家的角色、戏曲行当、扮相、服饰和艺术风采，无疑是一份不可多得的戏曲史料。

那么《同光十三绝》和运河有什么密切的关系吗？回答是有的。从《同光十三绝》里不难发现。在这十三个人里面，湖北人占两个，安徽人占了三个，苏州人或者苏州地区的人占了四个，徐小香是苏州人，杨鸣玉和时小福都是吴县人，朱莲芬是元和人，这两个地方都在今天的苏州，刘赶三是天津人，这就说明他们的出生地和运河有着密切的关系，他们其实都是通过运河北上的。再比如京剧大师梅兰芳，他作为享誉世界的人物，真可以说是空前绝后的，那么梅兰芳是什么地方人呢？江苏泰州人，今天泰州还有梅兰芳的纪念馆，我也曾两次去过泰州。梅兰芳年轻时候的基础条件并不是很好，他完全凭着自己的聪明、刻苦，以及他周边一些文化人对他的栽培，最终才成为世界级的艺术家。

很多戏曲演员和运河都有着密切的关系，比方说京剧界人称"通天教主"的王瑶卿就是淮安人，前些日子淮安还在准备筹建王瑶卿纪念馆。一生从艺、授艺六十年，王瑶卿在京剧界世称"王派",是清末以后传人最多、流布最广的旦行流派,王瑶卿尊崇"有教无类"的精神,所谓"通天教主"的名号也就成为当时似是玩笑的戏称而已,但是当他的门生中出现了"四大名旦""四大须(鬚)生",出现了小生泰斗、花脸名家后,梨园行便公认这样一个事实:王瑶卿乃是名副其实的一代宗师了!到这个时候,"通天教主"这一称谓,已经没有半点戏谑而只有褒义的尊称了。今天理所当然应称王瑶卿为"京剧教育家","四大名旦"梅尚程荀,包括几乎所有的旦角,无论是男旦或者是坤旦,很多人都出自于王门,都曾经是王瑶卿的弟子。王瑶卿是淮安人,上海的麒麟童周信芳也是淮安人,有人称,运河文化是淮安的代表性文化,淮安是运河的水运之都,而运河是淮安的母亲之河。

运河未散,漕运曲终

运河到了清末时期基本上属于一种瘀滞的状态,尤其运河山东段和河北段到咸丰年间开始处于停滞,导致出现这种结果的原因有这样几个方面:一是太平天国运动阻断了漕粮运输通道;二是黄河漫决,运河受到水灾威胁;三是气候变化,水源不足,运河萎缩。除上述几方面以外,还有两大因素从东西两个方向挤压运河,这便是运河东面的海运和运河西面的津浦铁路。

自古以来宁波商船就有海运传统,进入清代,宁波形成了海上运输"南号"和"北号"两大船帮。当时南号船帮最初由在宁波的福建、广东商人组成,由镇海出口、定海南下为南洋,以采购福建木材贸易为主。北号船帮最初则由在宁波的江苏、山东商人组成,主要采购山东特产枣、豆、油等物资,由定海出口而北上则为北洋。南号商船只走南洋，北号商船只走北洋。清道光年间，宁波港以及海运呈现繁荣趋势，商业船帮总数不下六七十家，大小海运商船约有400余艘。

根据《两浙宦游记略》所记载，浙江省19世纪50年代"正耗漕米为100多万石"，而当时全国漕粮也就400多万石，显然浙江一省的漕粮便占全国漕粮的四分之一。浙江的漕米以前是通过大运河运送的，自1851年太平天国起事后，浙江漕粮通过大运河的内河漕运被阻断，户部只好仿效元朝，改内河漕运为海运。

海运是从咸丰三年（1853年）在浙江开始兴办的，宁波"南号"和"北号"船帮开始在浙江漕粮海运过程中发挥出重要作用。南乡段塘的造船工匠擅长制造南、北洋海运商船，叫"蛋船"，又叫"三不像船"。这种船船身较重，不畏风浪，是通航南北洋各海港的著名海船，也是漕粮海运的基本船型之一。浙江首次海运漕粮，受雇出运的"北号"商船约130余艘，其中一家单独派船6艘以上的就有11家。承运商船不仅可以获得数10万两银子的运费和数万石的耗米收益，而且每次还可获得约合10多万石的免税货物，商船抵达天津卸空漕粮后,又可以前往辽东装载约有100万石油和大豆等货物南归,所以获利颇多。在这种高额利润的吸引下,许多宁波航海商人和船号,纷纷拿出所有积蓄甚至变卖产业,投资海运事业,也就是在咸丰三年,鄞县、镇海、慈溪三邑九户的北号船商捐资10万,在宁波江东木行路建成了甬东天后宫和庆安会馆,象征北号船帮事业发达。咸丰三年的海运路线起点是浙江的宁波,沿着东海、黄海到渤海湾,终点是天津。海运的成本远远低于内河漕运的成本,这也成为海运挤压运河生存空间的优势之一。

津浦铁路是一条由天津通往南京浦口的铁路干线,于清光绪三十四年(1908年)开工,到民国元年(1912年)年开通。津浦铁路又称津浦线,因为那时候还没有修建长江大桥,从北京到上海得分段走,先到南京浦口,在长江的北边,与沪宁线隔江相望,然后坐轮渡过江,再换乘沪宁线的火车前往上海。

实际上,津浦铁路可以更早通车,因为沪宁铁路早在清光绪三十四年,也就是津浦铁路开工那一年就已经通车了。而津浦铁路的修建分南、北两段进行,北段自天津总站以南两路接轨处起到山东韩庄,南段自韩庄到南京的浦口火车站。南段于1911年10月建成通车,北段1911年11月建成通车。南、北两段分别通车后,只能各自运行,暂不能实现津浦线全线通车,但当时连接南、北段的黄河铁桥正在建造中,尚未竣工,黄河铁路大桥位于济南市区北部、跨越黄河的泺口,由德国人设计,到1912年11建成交付津浦铁路北段总局管理,这时津浦铁路才全线通车。

津浦铁路全线通车之时,津沪客货轮已经开通几十年,大批北方开采的煤炭仍然由天津港通过海上南运,所以津浦铁路南段较为繁忙,但北段的货运长期比较寡淡。

我在1966年坐过一次津浦铁路,从天津到上海,那个时候大概要走40多个小时。完全不可想象今天坐高铁从天津到上海只需要5个小时,甚至不到5个小时。过去为什么走40多个小时?因为火车到浦口以后要换乘过江轮渡,火车则是每四节作为一个编组,分几次由轮渡渡过长江。所以到了浦口,施行人车分离,大件行李锁在车上,小件行李或贵重行李由乘客自己携带,所有乘客坐另一条轮渡(专渡人不渡车)过江,这样比运送车厢的渡轮要早4个多小时就到了南京下关，完全可以在下关不慌不忙地吃上一顿饭，即便饭后看一场电影再上火车也完全来得及。之后乘坐沪宁线大约五六个小时就能从南京达到上海了。至于说南京长江大桥修好以后全线通车，那已经是1971年以后的事情。

在受到海运和陆路铁路运输两路夹击下，京杭大运河某些段就处于淤塞或半淤塞的状态，应该说，铁路运输的挤压对运河的影响更大。运河的作用越来越低，一直在用的运河段，实际上是从江苏宿迁到浙江杭州这一段，其中最好的一段是淮安到扬州，再一段就是山东境内济宁到滕州（台儿庄）。因为山东聊城水系和微山湖水系的水源相对充裕，这两个水系的水都注入到运河在山东境内的这一段中去了。古代把这一类调节运河供水的蓄水工程叫做"水柜"，水柜的作用是当运河水量大时，比如发生洪水时，让运河泄水并储入水柜；当运河缺水时，可以放水柜的水回注入运河。明代到清代，山东独山湖、南阳湖、昭阳湖、微山湖成为一组向京杭大运河输水供水的庞大水柜群。同理，因为缺乏相应的水柜，运河北段后来基本上就淤塞了。新中国成立后的1953年和1957年，曾经两次疏浚运河。

淮安到扬州是京杭大运河上最好的一段,其实运河上有两段一直是畅通的,利用率也极高,一段是扬州到淮安的淮扬运河,也叫里运河;另一段是杭州到宁波的浙东运河,也叫杭甬运河,这两段运河发挥的作用非常大,也非常长久,直到今天仍然在使用。

一路向南去扬州

由于京杭大运河的开凿,自隋唐以来就形成了南粮北运、东粮西运、北棉南运、北煤南运这样一系列的物资流通格局,同时造成了运河沿岸城市在经济上的普遍活跃。漕运带来沿河地区如京津地区,河北地区,山东济宁,苏北的宿迁、淮安、扬州等地城市的繁荣,更不用说运河南部地区诸如苏松平原、杭嘉湖平原的中小城市原本就属于鱼米之乡,在漕运的影响下就更加富庶了。虽然后来漕运历史结束,但近代长江航运却得到长足发展,随着沿线口岸的开放,也进一步加速了长江沿岸大中小城市的繁荣,并丰富了各自的地域饮食特色。

如果从大运河北端通州出发南下去扬州,不妨来看看运河沿岸城市都和这条长河曾经有着怎样的联系。长河古道,物是人非,漕运长卷,尽是旧地新城,沧桑故事。

沿着运河，出了京津地区进入河北境内，第一站应该是沧州。沧州是一座因运河而生的城市，虽然它的名字"沧海之洲"因东临渤海而得名，但运河贯穿市区。沧州在名胜古迹方面除了有沧州文庙以外，最重要的标志性地标就是沧州铁狮子。铁狮子是老百姓对它的俗称，实际上它叫作"镇海吼"。在铁狮子所在的位置，后周时期曾修建过一个寺庙，叫开元寺。中国有很多地方都有叫开元寺的寺庙，而且中国寺庙大多都是砖木结构，不像欧洲的很多宗教建筑物属于砖石结构。砖石建筑物自身不容易被损毁，砖木构筑物就不同了，中国这些宗教建筑物由于年久失修或者突然失火很容易被毁掉，沧州的开元寺本身也早就被毁掉了。但开元寺里有一个重达60多吨的铸铁异兽，背负莲花宝座，腹内铸有经文，这就是沧州铁狮子。有一种民间说法是，沧州铁狮子是文殊菩萨的坐骑，从修行的等级来说，一等是佛，二等是菩萨，三等是罗汉，文殊、观音、普贤和地藏都是菩萨，普贤的坐骑是白象，文殊的坐骑就是狮子。老百姓相信狮子能镇住洪水，使其不泛滥，确保运河正常运行。

沧州是运河上的一个重镇，下辖有一个县叫吴桥，吴桥是京杭大运河由南到北进入沧州的第一县，可以算是运河沧州段的"南入口"。吴桥另一个世人皆知的盛名叫"杂技之乡"，而吴桥杂技的发展与运河也有着密切联系。过去沧州民间有一首杂技艺人行走江湖传唱的歌谣，"小小铜锣圆悠悠，学套把戏江湖走，南京收了南京去，北京收了北京游。南北二京都不收，条河两岸度春秋……"，这首歌谣里提到的"条河"便是京杭大运河。运河沿河城镇众多、人口密集、经济发达、码头林立，吴桥杂技艺人们总是离开故土，外出演出，自称为"闯码头"，不管是南下还是北上，走的都是运河。沿着运河离开家乡，借助北京"天桥"、天津"三不管"、南京"夫子庙"这些典型的平民市场而成长起来的吴桥杂技班子和艺人数不胜数，创造了"没有吴桥不成班"的杂技界神话。

继续往南，运河进入山东境内的德州。根据史料记载，早在金朝天会七年（1129年）曾在德州置设了将陵仓，以便利漕粮储运，到了明代永乐年间，德州漕仓每年递运南粮达400万石之多，明清两代，运河德州段德州仓一度成为京杭大运河四大粮仓之一，今天德州市德城区二屯镇北厂村仍然保留着当年北厂漕仓遗址。还有意想不到的是，清乾隆五十六年（1791年），四大徽班由运河乘船进京，进京前最后一站的"创作演出"居然就在德州，徽戏和北方的梆子融合成为京剧的雏形，德州也因此在京剧史留有了一个不可替代的地位。

再往南是山东的临清，当年临清也是一座应"运"而盛的城市，临清自明代隶属东昌府（今天的聊城），今天还是由聊城市代管。说到临清就不得不提会通河，会通河原本是临清到东平的一段运道，后曾扩大，明洪武二十四年（1391年），黄河在原武决口，会通河河道遭毁，运河中断，漕粮北运受阻。明永乐元年（1403年），考虑到迁都后北京的粮食供应和海运安全缺乏保证等问题，明成祖朱棣决定重新开凿会通河。之后，工部尚书宋礼负责施工，听从白英建议，改进分水枢纽、疏浚运道、整顿坝闸、增建水柜等，到明永乐十三年（1415年），运河南北向皆畅通。颇为有趣的是，史书曾有记载，明清两代，但凡南来的漕船经过临清的时候，必须义务捎带一种物品北上，这一物品便是临清出产的贡砖。朝廷规定了捎带的贡砖的数量，一般是官船40块，民船或商船20块，如有损坏，船主包赔。明清时期的临清是商人和匠人众多，漕运、税务、商务活动繁忙的一个商埠，"其盛时，北至塔湾，南至头闸，绵亘数十里，市肆栉比，有摩毂擊之势"。

聊城是一座水城，小说《水浒传》所说的"东昌府"就是今天的聊城。运河聊城段始于元代，元至元二十六年（1289年）开凿了从安山（今天山东东平）至临清的山东运河，即忽必烈赐名的会通河。明洪武五年（1372年），为了加固城防，设在东昌府内"平山卫"指挥金事陈镛将宋熙宁三年（1070年）所建土城改建为砖城，在城外开挖护城河，形成了完备的军事防御体系。两年后又在城中央修建了"余木楼"，也就是后来的"光岳楼"。600多年前的陈镛恐怕怎么也不会想到，他将土城改建成为砖城的防御工事奠定了日后"江北水城"的基本格局。会通河的贯通使东昌府也变成热闹非凡的码头城市，商业日渐繁荣，从清乾隆至道光，聊城商业达到鼎盛，除了从事丝绸、茶叶的江浙、江西商客外，大量山西、陕西商人也来此经营粮食、棉花、布匹、杂货、票庄、当铺等行业，还修建了山陕会馆，东昌府城东门外"人烟辐辏，为南北往来水衢"。

离开聊城顺着运河往南，下一个城市便是济宁，济宁因水而兴，今天济宁主城区依然保留着古运河的河道，这座城市由"济水安宁"而得名，它还是河道总督衙门的驻地，这个正二品署衙，可是和京城吏部、兵部等六大部同一级别，唯一不同的是不在京城。我在20世纪80年代到过济宁，在那里待了两三天，当时济宁的运河已经没有客运了，但还有货运，运河河道看上去还很繁忙，只是我没有办法买一张船票从水路离开这座城市。

济宁应该说是一个五方杂处的地方，它实际上也代表了鲁文化。山东的区域文化主要是两个，一个是鲁文化，另一个是齐文化。山东半岛基本上属于齐文化，山东的东部是鲁文化。齐文化带有明显的工商业氛围，崇功利，轻伦理，风气开放，注重实用；鲁文化则明显有农耕社会的特征，风气保守，因循周礼。孔府是鲁文化一个很大的特色，自从孔子被封为衍圣公的世袭封号以后，就有了曲阜的孔府，今天的曲阜市仍由济宁代管。在曲阜形成了除孔庙之外的孔林，就是孔子家族的墓地。说到孔府自然会关联到山东鲁菜系里面的"孔府菜"。其实孔府菜不完全是山东菜,这里面有一个重要的历史原因,因为避免近亲繁衍,嫁到孔府的女眷其实来自全国各地,尤其运河沿线的江南人氏很多。一旦嫁到孔家,她们既接受了山东菜系的烹制方法,同时也带来了她们自己各地家乡的烹饪之道和饮食习惯。所以孔府菜虽然有比如说一品豆腐、怀抱鲤鱼、诗礼银杏这样的经典菜品,也有"鸾凤同巢"这样的外来菜品。鸾凤同巢又叫"三套鸭",原本是盛产湖鸭的高邮和扬州一带的传统淮扬名菜,至于这道菜如何进入孔府,民间的传说是乾隆年间大学士于敏中之三女于珊兰,由乾隆皇帝替她挑选了孔子第七十二代衍圣公孔宪培做夫婿,于敏中是江苏金坛望族后代,三套鸭是婚后家宴上的一道菜,孔宪培之父七十一代衍圣公孔昭焕大喜之余,赐名鸾凤同巢。

济宁地区所辖的范围很大,曲阜、邹城(过去叫邹县)、嘉祥、泗水这些地方都称之为孔孟之乡,都归济宁所辖。在曲阜,除了有孔府、孔庙、孔林这"三孔"外,还有一个地方叫颜庙,孔子最得意的弟子叫颜回,也叫颜子,颜庙是祭祀颜回的祠庙,又叫复圣庙。颜回的家也在曲阜,和孔子的家挨着，据说是颜回曾经居住过的一条小巷子，今天在曲阜还能找到，叫陋巷。为什么叫陋巷呢？因为孔子在《论语·雍也篇》里讲到他这位最得意的弟子颜回时，夸奖道"贤哉，回也！一箪食，一瓢饮，在陋巷，人不堪其忧，回也不改其乐。贤哉，回也！"，就是对于颜回的赞美评价。意思是贤德的人是颜回，用一个竹筐盛饭，用一只瓢喝水，别人都受不了这样的居住环境，觉得非常艰苦和清贫，但是颜回却能照样快活，非常安然地在那里读书。

离开曲阜到邹城，那里有仅次于孔子的亚圣孟子的祠庙，孟庙的规模也很大。再到嘉祥，有曾庙，是祭祀孔子著名学生曾参的专庙。嘉祥的古迹还很多，比如嘉祥武氏墓群石刻，又叫武梁祠，内藏40块汉代石刻画像，雕刻精美，保存完好，迄今已有两千多年。除了孔子、孟子、颜回、曾参的家乡曲阜、邹城、嘉祥外，济宁还有泗水，泗水是孔子最得意弟子子路（也叫仲由）的故乡，孔子曾经说"逝者如斯，不舍昼夜"，这句话就在泗水说的，泗水离曲阜也很近。

离开济宁向南行就进入微山县境内，运河的东侧是一片四湖相连的水域，它们是南阳湖、独山湖、昭阳湖和微山湖，

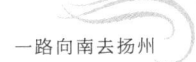

总称南四湖或者也叫微山湖。微山县因湖而生，可以说，湖上的每一座闸坝和小岛都是运河的一部分。

  一出微山湖水域登上陆地，就进入了江苏境内，前方第一座城市便是徐州。徐州地处京杭大运河的中间段，黄河又在徐州和运河交汇，明朝四大粮仓之一的广运仓就设置在徐州。徐州历来是一座军事重镇，北上可击齐鲁，南下可扫江淮，西进可争霸中原，其战略地位显而易见。明朝政府在徐州设立了参将府、按察分司、户部分司和工部分司等重要分支机构，同时在徐州就驻有徐州卫和徐州左卫两支军事战术单位，还有负责漕运安保的大河卫。所以徐州也是运河上的一座大码头，是军事枢纽、漕运枢纽和商业枢纽的集成，明万历年间的徐州，街巷交错，街有十四条、坊有二十一座，店肆林立，市井繁华。历史上，泗水、汴水、黄河与运河都曾经流经过徐州，泗水由西北向东南，汴水由西向东，两河到徐州交汇南下，后来运河先后占汴水、泗水的河道流经徐州。元至元十七年（1280年）到明万历三十二年（1604年），运河以徐州为节点，形成三条线路：向北，运河由泗水通往河北；向南，运河由汴水（黄河并流一段夺淮入海）

通往浙江；向西，通过黄河河道通往洛阳。之后，泗水、汴水、黄河、运河这四河在徐州的交织更加复杂，这样的复杂关系一直持续到清咸丰五年（1855年），黄河决口改道由山东入海，不再流经徐州。黄河改道后，运河徐州段南北向断流，"借黄行运"的数百年历史戛然而止，只在徐州境内留下一条长达200多公里的黄河故道。

徐州往南的下一个运河城市是宿迁。黄河故道在宿迁境内也有114公里长，说起来，这条故道竟有4000多年历史，泗水、黄河、运河都曾流经此处。春秋时期，吴王夫差开凿邗沟，沟通江淮，舟师北上，正是沿着这条泗水水道。南宋时期，黄河"夺泗入淮"，多道并行，泛滥成灾。元朝时期，运河开通，于宿迁段"借河为漕"。明朝时期，修建黄河大堤，迫使黄河"定于一道"，淮阴修建高家堰堤坝，"逼黄注淮"，宿迁境内形成洪泽湖，之后黄河淤积严重，实施"避黄行运"，宿迁境内又形成骆马湖。清朝时期，靳辅治河，宿迁开凿中河，黄运并行，穿城而过。所有这一切，多多少少、隐隐约约都能看到运河的影子。

中国有不少水运航道沿岸城市，自命为"南船北马之地",比如湖北的襄阳、十堰;江苏的淮安、南通等。南船北马,意味着南来的行人乘船沿水路而来,在此舍舟上岸换乘骡马车轿而北去;而北来的行人骑马乘车沿旱路而来,在此弃马换车,下河乘舟而南去。不过有人查阅清朝康熙和乾隆祖孙二人22次南巡文献,却得出一个令人意外的结论,宿迁才是被清朝廷钦定的运河的南船北马之地。根据乾隆《南巡盛典》中记载,清皇室南巡旅途水路和旱路的划分,以宿迁顺河集码头为界,宿迁以北是旱路,自宿迁开始登舟,由此向南全是水路,如此安排并非来自乾隆,而是始出康熙。

从宿迁到淮安坐高铁也就半个小时,这两座城市和运河,相守相伴2500余年,有太多值得自豪又需要守护的遗产。在京杭大运河承载中国内陆航运的黄金年代时,淮安与扬州、苏州和杭州曾并列"天下四大市集"。今天清江浦码头立有一块牌坊,上书"南船北马舍舟登陆",短短几个字折射出了几百年前漕运给淮安到底带来多少繁荣兴盛。

明永乐帝迁都北京后,确立以内河为主的漕粮运输制度,朝廷先后在淮安设立了漕运总兵官,明永乐十三年(1415年),早年被授为平江伯的陈瑄成为了淮安首位漕运总兵官,在他疏浚沙河古道后，此河更名为清江浦，完成了运河南北方向的重新贯通。清江浦河两岸先后修建了淮安常盈仓、清江造船厂，作为漕运军队支领漕粮、修理漕船的场所。作为漕运军队的最高将领，漕运总兵官兼负"镇守淮安、抚辑军民"的职责，固定地驻扎于淮安。明景泰年间，朝廷又新设了总督漕运都御史，开府于淮安，简称"总漕"，从此管理漕运的文武二院都驻节于淮安。明宣德年间，全国首设七大税关，淮安税关是其中之一，到万历年间，全国最重要的八大税关有七家在运河沿线，而淮安税关居各关之首。2014年，大运河被列入《世界遗产名录》，作为申遗的一座重要节点城市，淮安共有清口枢纽、漕运总督遗址两处遗产区和双金闸、洪泽湖大堤等五处遗产点被遗产名录纳入其中。

最后终于到了扬州。今天运河到扬州已经不进入扬州市内。从前运河是进入扬州市内的，清朝乾隆南巡的御船是可以停在御码头，御码头就在今天的市中心，从御码头往南看，可以看到文昌阁，再远一点还可以看到四望亭，往西去可以到大虹桥，从那里可以进入瘦西湖。其实瘦西湖原来根本没有，它本身是运河的通道，后来修建了瘦西湖白塔、五亭桥等，成为一座水上园林。清代钱塘诗人汪沆将扬州瘦西湖和杭州西湖做了个对比，"垂杨不断接残芜，雁齿虹桥俨画图。也是销金一锅子，故应唤作瘦西湖。"瘦西湖由此得名，后蜚声中外。运河扬州段有许多名胜古迹遗址，比如瓜洲古渡、扬子津渡口、宝塔湾的文峰塔、三汊河口的高旻寺、普哈丁墓园，还有高邮的盂城驿。

孟浩然有诗作《宿扬子津，寄润州长山刘隐士》："日夕望京口，烟波愁我心。"诗中的"京口"在今天的镇江，扬子津在扬州，名字出自隋唐年间扬州城南20里处一个叫扬子的小镇，当时，瓜洲在江心，南来北往的商旅都需要在扬子津渡口候渡，行船抵达南岸京口，久而久之，扬子津渡口名声在外，来华的西方传教士最早知晓的便是位于渡口的这段长江，他们便通称为"扬子江"，中国长江在英语中也就演变成了"Yangtze River"。

运河扬州段在今天城南二里桥有一处30公里长的河道被称为"扬州三湾"。《淮系年表·水道编》才首次提及，"运河南流，循城址，折而西，又折而南流，屈曲作三湾。"运河三湾由明代扬州知府郭光复于明万历二十五年（1597年）

主持修建，主要解决了两大难题：一是运河泥沙淤积，行船不畅；二是河床太高，宽浅不能置闸，冬春水浅容易淤积。完工后，由北向南急速而来的河水被曲折引流，船只不再浅阻，起到了"三湾抵一闸"的重要作用。

南北食风枕河殊

——大运河的美食文化

大运河丰富与繁荣了中国的饮食文化。

大运河贯穿了中国古代黄河流域粟文化与长江流域稻文化的饮食结构。

大运河连接了南北不同地域的饮食风俗,展现了运河流域美食风情长卷。

饮食北京

民以食为天,食可以说和整个人类的生存有着密不可分的关系,没有饮食,人无法维持生命,历史也就无法延续。饮食和人类的发展,大到人类文明进程,小到我们东部南部的人口繁衍和经济发展,都有千丝万缕的关系。

众所周知,运河是整个南北的一个生命带,一条输血通道,因为元明清时期的南粮北运能够保证整个首都的宫廷消费、百官俸禄、军饷支付和民食调剂,这是一个很重要的经济制度。除了吃饱肚子这样的基本需求外,还有要不断发展饮食文化的需求。说到饮食,首先就要确定和审视中国南方和北方的划分。可能有人会有误解,认为中国的南方在长江以南,北方是长江以北,其实这个划分并不准确,真正南北划分的界限应该是秦岭和淮河。在我国东部地区,以淮河为界,淮河以北称之为北方,淮河以南称之为南方。整个西部地区，秦岭以北是北方，秦岭以南是南方。所以东部和西部地区南北的分界，一个是在淮河，一个是在秦岭。在中国，淮河的长度虽然赶不上长江和黄河，但淮河在划分南北上是非常重要的，因此淮河南北在饮食文化上也是截然不同的。

由于淮河的存在，大运河也就自然而然地分成了南方区段和北方区段，同样运河的南北方饮食也就存在着很大的不同，这是由于气候、地理环境、物产和文化差异等诸多因素所致。这里面需要关注两个不同区域的文化时期，一个是在山东的大汶口文化，属于新石器时代文化，最早的遗址发掘地在今天山东泰安的岱岳区，有很多建筑遗迹、墓葬遗存和出土陶器。但实际上大汶口文化所涉及的区域面积非常大，尤其是在汶河、黄河口这一带，绝不仅仅是在发掘的大汶口遗址那么一块地方。在泰安岱岳区大汶口镇发掘的大汶口文化遗址的山东省境内，同时还有两个文化遗存，一个是济南历城县发掘的龙山文化遗存，另外一个是滕州官桥镇北辛村发掘的北辛文化遗存。这是三个不同的文化遗存，大汶口、龙山和北辛三个文化遗存在这个地方同时出现。这仅仅一个遗址挖掘，如果把它扩大了来看，可以推断对整个鲁西地区，甚至于一直到鲁南地区都有影响。

　　从饮食上来考察，大汶口遗址的发掘，到底发现了些什么东西呢？发现了粟和黍。粟就是人们常言的粮食作物中的谷子，谷子脱壳之后就是小米。黍是一种一年生的草本植物，去皮之后就是黄米。所以大汶口的遗址发掘中，证明了在距今4000年至6000年前，黄淮流域的先民们赖以生存的是小米、黄米这一类谷物，从运河的区段来看，粟和黍是黄河和淮河以北地区赖以生存的主要粮食作物。

　　在运河的南端，发现了河姆渡遗址，也就是上述两个不同区域的另外一个文化时期，叫作河姆渡文化。河姆渡的遗址在浙江宁波余姚的河姆渡镇。在河姆渡遗址中，考古人员发现了稻，稻也是一种农作物，它脱壳后出来的就是大米。河姆渡文化也属于新石器时代，它不仅仅局限于余姚地区，整个的浙江中东部基本上都跟河姆渡文化有着不可分割的关系，同时河姆渡文化和浙江良渚文化、安徽凌家滩文化也存在文化传承关系。所以运河在淮河以北地区主要的粮食作物是黍和粟，而在南方杭州、绍兴、宁波这一带，主要粮食作物是稻。大汶口文化距今4500年至6300年，河姆渡文化更久远一点，距今5000年至7000年。那个时期，先民可能还停留在果腹充饥、维持生命的层面，还没有达到饮食的层面，但作为粮食，黍、粟、稻是最最基本的生存物质。祖先完成了黍、粟、稻的培殖，人类就进入了农业文明阶段。大运河和中国五大水系交汇，贯穿了黍粟文化区域和稻作文化区域。从北京到杭州，南北的分界点就在运河和淮河的交汇点。按照从北往南的顺序，先来看看北京的饮食文化。

北京菜是什么？或者说什么是"京菜"？那自然要从北京城说起，太远的不说，就从辽金说起。北京在辽代的时候叫"辽南京"，金代叫"金中都"，元代叫"元大都"，到了明清两代叫"北京"，元代北京已经成为全国的政治和文化中心。从辽金时代开始，北京就显示出大都市的气象，辽南京皇城城垣的遗迹，在今天北京市西城区广安门那一带。广安门外护城河西岸的天宁寺塔就是辽南京时期的一座佛塔。北京有着三千多年的建城史和八百多年的建都史，作为一座历史悠久的文化名城，各地文化之精华在北京聚集、交汇、沉淀和酝酿，形成了一种独具地域特色的北京饮食文化，在这种文化的滋润下，由宅门菜、山东菜、清真系为主的少数民族菜和小吃为主的平民菜等多种风味融合而孕育出了北京菜。经过反复讨论，我提出的京菜的由来"起源于辽金，形成于明清，发展于近代，繁荣于当代"被北京烹饪协会在2017年发布并确定为"京菜"的定义。

这20个字可以说是实事求是地把北京饮食的发展过程给讲述清楚了。当然在京菜定义的表述那20个字后面还有一段文字"擅长爆、烤、涮等多种烹饪技法，味道厚重，酱香、酥脆；选料精到，刀工细腻；注重形器，讲究规矩，具有丰厚的文化内涵，是由多种风味融合发展而成，具有鲜明北京特色的菜系。"唯一需要补充说明的是，"起源于辽金"，这里的"辽金"包括了"元"。

北京有很多大家熟悉的、别处没有的、以本地区食材为特色的一些饮食，比如说"老北京涮羊肉"。涮羊肉要用到铜火锅和木炭，1984年，在对内蒙古自治区赤峰市敖汉旗康营子的一座辽墓考古发掘中发现了和火锅有关的壁画。壁画中，三个契丹人围着一个三足火锅席地而坐，中间一个人在拨弄火锅，旁边一人正拿着筷子准备享用锅里的食物。他们使用的火锅和今天我们使用的铜火锅别无二致，一个铜火

锅，走炭火的地方呈桶状，可以往里面加炭，水是加在桶外侧的锅里，可以在里面涮食材，这说明在辽代这些地区已经开始使用铜火锅了。2017年，在辽宁省沈阳市下辖的康平县张家窑辽墓考古发掘中，同样也发现了用于吃涮肉的器物。可以推测，涮火锅在契丹人中间传开以后，又传给了女真人、蒙古人，一直传到中原地区的汉人。北京的饮食文化是一个多民族、多元文化的综合体，从辽、金、元、明、清，历朝历代，契丹族、女真族、汉族、蒙古族、回族、满族和朝鲜族等那么多不同民族族裔的生活习惯和饮食文化都汇聚在北京城，所以北京菜是集中了汉蒙满回等民族菜系流派的一个多元化的融合体。

运河也为北京的饮食作出了贡献。北京是运河的终点，除了漕运，大量的南方食材、江淮物产，烹饪的技艺和厨师，都通过运河来到了北京。从皇室这一渠道，至少有两大历史事件引导了南方淮扬菜系入京，一次是明永乐帝朱棣迁都北京，淮扬籍厨师随宫北上，淮扬菜就此在京城生根；另一次时间跨度就更长一些，康乾盛世，祖孙二帝都曾数下江南，都对江淮美食颇为喜爱，一方面可以从敬献皇室的贡品清单上看出一些端倪，另一方面也可从爱新觉罗·浩女士《食在宫廷》一书中找到一些佐证，在她列出的满州宫廷食单上，仍然能看到"清炒虾仁""红烧狮子头"之类的淮扬菜品。

在北京，最基础最广泛的民族自然是汉族，在清代或者说清末时期，对北京影响最大的应该是鲁菜。四大菜系的通常排序是鲁、川、粤、淮，但是放在北京来说，它应该是鲁、淮、川、粤这样一个排序。山东籍厨师，包括济南、聊城、还有胶东半岛，包括烟台、青岛这一带的，在北京的从业人员大概达到20000人，从前管厨师这个行业叫"勤行"，勤劳的勤，行业的行，换句话说，清末时期，北京的鲁菜系勤行大约有两万人，而清末民初，淮扬菜系的勤行，包括在北京的餐馆还有一些在富商官僚家里做厨师的，合计也只有2000多人，这都是有户籍记录佐证的。

从另外一个方面也能看出来鲁菜是北京市面上的主要菜系，北京有句老话讲"买布八大祥，吃饭八大楼"。这"八大楼"就是东兴楼、致美楼、泰丰楼、鸿兴楼、正阳楼、庆云楼、新丰楼和春华楼，这响彻京城的八大饭馆除了春华楼主营江浙菜以外，其他七家都主营山东菜。除了"八大楼"，彼时北京老字号餐馆还有"八大堂",比如福寿堂、庆和堂等,也大多是始建于清代中晚期,主营鲁菜。可以说鲁菜是最早从山东进入北京,也是最早结合了北京的饮食习惯和地域特色,还是最多占领北京餐饮市场的一个菜系,这么多个"最"的结果,便是产生了一个所谓的"京鲁菜"。

我个人甚至觉得,将北京的鲁菜称为"京鲁菜",非常准确,这是因为北京的京鲁菜,可以说去山东的任何地方基本上都吃不到,都是没有的。一道"京鲁菜",它必须满足两个条件:山东厨师,且人在北京。鲁菜,或者叫山东菜系,基本上分为几大流派,旧时代也叫"帮",一个是济南帮,包括德州和泰安流派,济南帮基本上以官府菜为主,以场面大的饭馆迎合官高禄厚的文武官员这一类社会需求,济南帮的代表菜包括九转大肠、爆炒腰花等。第二个是聊城帮,也就是宋代东昌府的文化遗产。清代东昌府内,其实有八大会馆,包括山陕会馆、苏州会馆、江西会馆、赣江会馆、武林会馆、杭州会馆、绍余会馆和太汾公所,其中只有山陕会馆保留至今。这八座会馆中有六座位于运河沿岸。这么多的会馆内必然驻留着大量南来北往的商贾,他们对美味佳肴的追求，在运河经济繁荣的助力之下，把聊城的烹饪技术推到了一个历史高度。聊城水域纵横，水产品众多，以河鲜为主，所以聊城帮的厨师以做鱼类菜品擅长。第三个是福山帮，今天的福山是烟台市的一个辖区，一些当代鲁菜的大师基本上都来自福山帮，比如丰泽园的"海参王"王义均老先生，今年已经90多岁了，属于鲁菜泰斗级的人物。福山帮和聊城帮在食材选用上有所不同，福山靠海，所以吃的海产品很多，但很多做法和在北京吃到的京鲁菜是完全不同的。我以前到福山、烟台或者青岛沿海地区，要点一个葱烧海参，对不起没有这个菜，厨师们也不会做。他们吃海参通常是凉拌，使用鲜海参而不是干发海参，跟北京干发海参完全不一样，勉强请厨师做出来，那鲜海参做出来后咬都咬不动，就跟皮筋一样，根本没法吃。所以说，京鲁菜是山东的厨师进入北京，结合北京的饮食特点和北京大饭庄的经营方法，研创出来的一种特别菜系。

从北京的饮食发展历史来看，在辽、金、元三个朝代，吃的食物吸收和融合了很多民族自己的东西。今天很多人以为奶制品应该是舶来品，从西洋那边传进来的，实际上中国本土吃奶制品的时间非常悠久，远在元代之前就有，而且把奶制品做得非常不错。到了元代，对奶制品的需求变得更大，因为元代的统治者是蒙古人，他们不太喜欢北京当地的奶制品，觉得不是很正宗，于是他们开始将家乡的奶制品向北京输入。输入线路走的是元上都到元大都这条御道。元代皇帝在北京，夏天怕热，他要到内蒙古锡林郭勒正蓝旗境内的元上都去避暑。御道除了用作每年两三次的避暑路线，还当作奶制品输送的通道，内蒙古奶制品从此源源不断地进京。从御道来的奶制品比北京本地奶制品品质要好得多，不仅满足了元代宫廷的需求，也满足了北京市民的一部分需要。奶制品分不同的等级，通常是从奶出酪，从酪出酥，从酥出醍醐。中国有一句成语，叫"醍醐灌顶"，比如"这个事情我不清楚，经你一讲我当时就茅塞顿开，如醍醐灌顶"。什么是醍醐，醍醐就是奶制品中最精华的部分，它是从原奶之中层层提炼，直到最精华的酥酪上凝聚的油。

　　回族是一个散居在西北的民族，当然在全国各地都有。回族有他们自己很深厚的文化和宗教信仰，从前在北京街上经常能看到卖回民食物的店铺，这种店铺会在两边挂着两个牌子，一块牌子上写着"古教清真"，表明他们所信仰宗教的渊源；另一块写着"西域回回"，说明他们是从西域那边来的，以显示这家店铺非常的正宗。回民的饮食习惯传到了北京后，占了北京饮食很大的一个比例，今天北京的小吃有相当一部分来源于回民小吃，如爆肚、羊杂汤、焦圈、炸糕、豆汁、面茶、蜜三刀、排叉等，品种太多了，包括回民过古尔邦节炸的"油香"。还包括新疆小吃里炸的馓子，这些小吃大同小异。回族主要吃牛羊肉，这就导致北京的饭馆里，哪怕不是清真饭馆，菜单上牛羊肉菜品也很多，比如葱爆羊肉、红烧牛尾、被慈禧老佛爷赐名的"它似蜜"，也就是密汁羊肉等，这些都跟回族饮食有着密切的关系。

到了清代满族入关，带来很多满族的饮食和生活习惯。满族人喜欢吃野味，比如野猪、狍子、野鸡、野兔等，包括叫"飞龙"的一种花尾榛鸡。当然今天是不再吃了，因为它属于国家二级保护动物。通常是在阴历十月以后，大白菜上市的时候，满族人还会吃一种叫"菜包"或者"饭包"的传统食物，所谓"菜包"，就是选用一张比较完整的大白菜菜叶，然后往里面加大米和小米的混合饭，也叫"二米饭"，再加上各种其他食物或调味品，比如土豆泥、香菜、葱等，讲究的再放小肚、酱肉之类的熟食，然后抹上酱，最后用白菜叶把这些东西和饭包在一起卷起来吃。其实，吃菜包已经不单纯是一种食物摄取，而是满族人教育自己的子孙，不忘当年祖宗马上得天下的艰辛。当年满族入关的时候，八旗士兵就是用普通白菜叶子抹上酱，加上葱，包上饭，揣在怀里面打仗，一旦饿了，冰天雪地里直接拿出来就吃，远没有后来加那么多奢华的熟食制品作为佐料。菜包作为一种食物形式，也自然而然成为满族的一种饮食风俗。

探究北京的饮食，不能不说北京烤鸭。起源于南京，清代叫做金陵烤鸭，"便宜坊"和"全聚德"两家烤鸭店烤制的技法各有不同，便宜坊是焖炉烤鸭，全聚德是挂炉烤鸭。《说文解字》里本无"烤"一字，烤肉原本应该是炙肉，"炙"字在《说文解字》里是这样描述的："从肉，在火上"，"烤"是后来的叫法，就像北京两个名店"烤肉季"和"烤肉宛"一样。"烤"是后来慢慢演化来的说法，和广东菜里的"焗"、山东菜里的"扒"一样，都属于烹饪行业里的约定成俗。

烤鸭原本叫烧鸭，是清代的宫廷菜肴，后来渐渐流传到民间。清末同治年间，河北冀县人杨全仁盘下了一家叫"德聚全"的干鲜果铺子，然后聘请了曾在宫廷里做过烧鸭的厨子，自己经营烧鸭。因为卖干鲜果的缘故，铺子一直和果园有往来，杨全仁就想到了一个点子：用果木、果枝来做烧鸭子的燃料，一试大获成功。用果木烧鸭，鸭子有一股果木的清香，这下子"德聚全"的烤鸭就在北京声名鹊起，后来更名为"全聚德"。"便宜坊"原本是一家座落在前门外鲜鱼口的山东馆子，烤鸭的技法和全聚德不同，但吃法大同小异。今天吃北京烤鸭的大众吃法是用荷叶饼抹上甜面酱，再夹上片好的鸭片和羊角葱一起吃。从前的一种吃法是用特别的两层皮的芝麻烧饼夹着吃，除了甜面酱，还有白糖、蒜泥和黄瓜条。从前的黄瓜特别在冬天是稀罕的东西，俗称"洞子货"，有"一条黄瓜一两银子"的夸张说法，因此鸭片夹黄瓜在冬天里吃，身价不菲，清香而且解腻。

北京烤鸭和漕粮有直接关系，和运河也有间接关系。北京烤鸭是用北京鸭做的，后来用北京填鸭，填鸭是喂养鸭子的一种方式。过去饲养北京鸭所用的饲料其实是漕粮，也就是通过运河运到北京的粮食，难道费那么大的气力把粮食运到北京喂鸭子？其实不然。在北京漕运仓库里面总会有破包的，或者是不慎跌破散包的情况，这在码头上非常多。北京漕运的尽头，不管是在通州那里，还是在积水潭或者是后来的大通桥，散包或破包的漕粮遗落非常多，所以明清时期的北京鸭靠漕粮喂养。

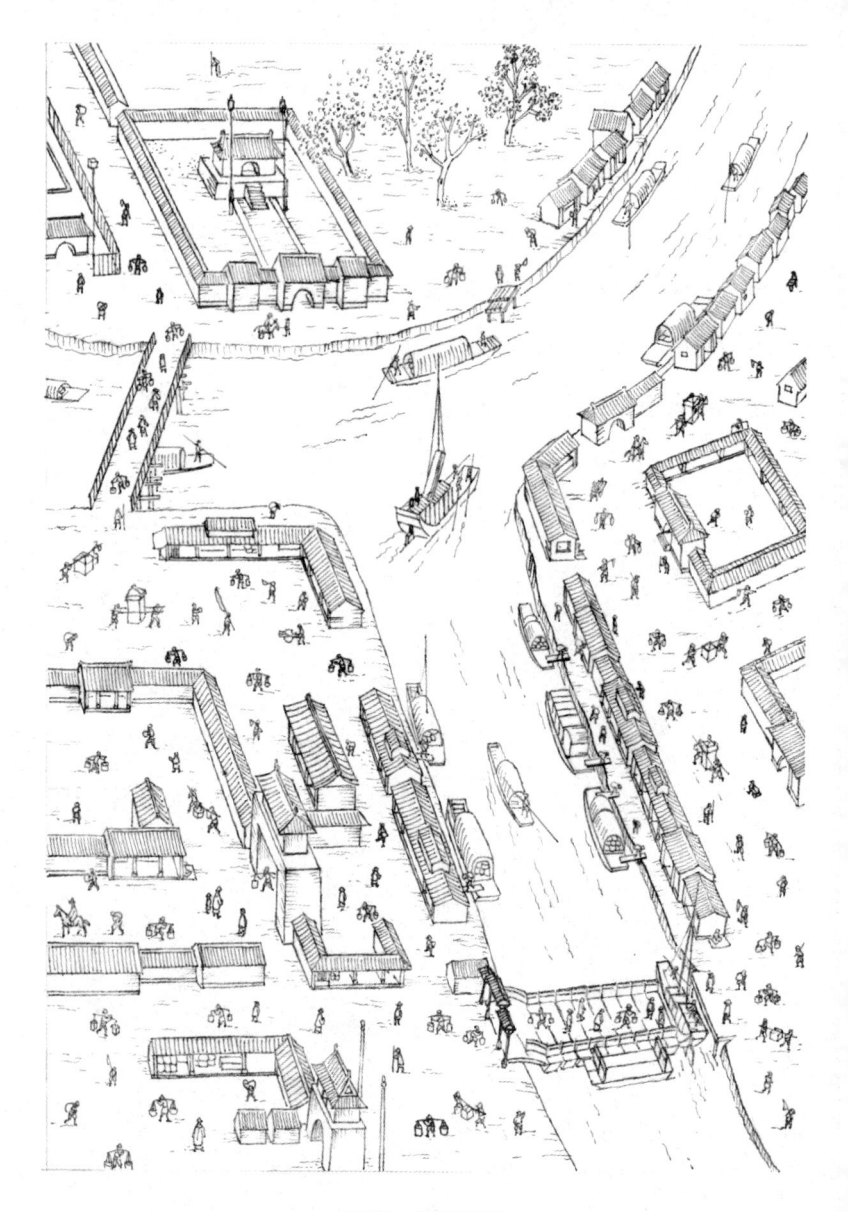

天津三岔河口图

先有三岔口，后有天津卫

运河从通州一直到天津，过去天津叫天津卫，所谓"卫"，从古字的形像上看，四足环绕着城邑，包含有一种军事意义在内。运河就从通惠河进入到北运河，北运河再往南走就进入了南运河，北运河古称潞河，南运河古称卫河，两条河的交汇点还有一条河叫子牙河，这个交汇点就是著名的三岔河口。三岔河河口有一个古镇，在没有形成天津市之前，这里是一个非常有名的重镇，最早的水路码头和旱路商品集散地就在那里，所以三岔河口是天津的发祥地，民间有"先有三岔口，后有天津卫"的说法。三岔河口在金代称之为"直沽寨"，元代称为"海津镇"，是军事重镇和漕粮转运中心。元代诗人张翥的诗句"一日粮船到直沽，吴罂越布满街衢。"就提到苏南的陶瓷器（吴罂）和浙江的布匹（越布），还有漕运的粮船到岸直沽码头，也就是今天的天津三岔口一带。

天津的早期移民很多来自于安徽，历史上有两次比较大的人口迁徙：第一次是明朝永乐年间，朱棣北迁带来的大量淮西将士及其家眷；第二次是清朝晚期李鸿章的六万淮军及家眷涌入，天津成为淮军大本营。如果进一步考证的话，天津的很多饮食习惯可能源自于安徽，这是其一。其二，由于地理位置，天津靠海河，海产品一定多于北京，北京的清真菜基本上不做海鲜，但在天津的清真菜馆是有海鲜类菜肴的，比如虾仁独面筋、海参烧牛蹄筋等。北京的鸿宾楼不是北京本地的清真菜馆，而是 1955 年从天津搬迁到北京的，最早在前门外李铁拐斜街，后来到了西长安街，现在又搬到了展览馆路。

天津这个城市的形成相对来说比较晚，它接受了很多安徽人带来的习俗，比如天津市区继承了大明王朝的"徽派"婚礼习俗，结婚要"下午过门"，而不是天津郊区乃至于河北省惯有的"上午过门"，有学者发现这一习俗和安徽合肥一样。不过也有另一种观点，认为天津这一婚礼习俗和运河的码头文化有关。鸦片战争以后天津出现了租界，最多的时候有九个国家在天津设立租界。辛亥革命以后，北京的很多王公贵族、遗老遗少也包括一些大官僚，都跑到天津租界五大道一带寓居，天津的租界里的一些饮食也是由于这些人的生活富足造成了它们的奢华。与此同时，天津普通民众也有他们民间非常接地气的饮食，比如天津的耳朵眼炸糕、煎饼果子和嘎巴菜等，还有熟梨糕、麻酱烧饼、豆哏儿糖，这些东西都是天津人很喜爱的市井小食，也是天津卫津门菜系构成的一部分。另外，相对于北京来说，因为租界的存在，天津当时比北京洋气多了。比如天津的西餐出现的比北京还要早，"起士林"是天津甚至是中国最早的西餐馆，其他诸如利顺德饭店、国民饭店也都有西餐厅，后来起士林在北京开了一家分号，不过那是20世纪90年代末的事情。十几年来，我与北京起士林的经理张庆林和厨师长成了朋友，张庆林经理还送我一本纪念起士林百年生日的书——《天津有个起士林》，很详细地叙述了起士林的历史。

大运河从天津武清穿越，可以算作是武清的母亲河。武清西边有个胜芳镇，胜芳镇盛产螃蟹。从前北京人没吃过阳澄湖的螃蟹，只吃胜芳镇的螃蟹。胜芳镇的螃蟹不是海蟹，是淡水蟹。胜芳镇那里是个沼泽地，距海河的入海口不远，地势低洼，因此盛产螃蟹。为什么此处是沼泽？这和运河也有关系。北运河、南运河、大清河、子牙河这几条河都在武清交汇，"渤海三千里，燕山去不穷"。胜芳蟹运到北京后，先不能吃，要喂十天芝麻，等这蟹长得又肥又美，再上笼蒸。北京人吃螃蟹除了自己买了在家里吃以外，讲究的要上前门正阳楼吃。正阳楼自创了一套吃螃蟹的工具，有竹针、铜钳和木槌，方便食客取食蟹肉。正阳楼饭馆菜肴不出名，出名的是秋天来自胜芳镇的螃蟹和冬天的涮羊肉。正阳楼蒸蟹不用小屉，要上大屉蒸，笼屉是木制的，密封严实不跑味儿。每到重阳节，食客络绎不绝。现如今，随着海河的疏浚，胜芳沼泽地消失，就再也吃不到胜芳蟹了。

武清的杨村出糕干，糕干是什么东西？实际上是大米做的糕点。如果母乳不够，大人又没钱买奶粉或者牛奶，就把糕干冲成米糊糊喂给婴儿吃。这种糕干自明朝起就有，现在市场上还有卖，大人吃也可以，味道不错。产小麦的地方为什么会有大米做的糕干呢？根据《武清县志》，明永乐二年（1404年）所述，浙江省绍兴府山阴县杜金、杜银兄弟俩带家人沿运河来到武清杨村定居，兄弟二人将南方的制糕手艺也就落户在北方了。2007年,杨村糕干被列入天津首批非物质文化遗产项目。实际上北方的糕干就是南方的云片糕,可以说,杨村糕干是典型的运河文化产物。

过了天津以后,运河流淌在原来的燕赵大地,燕就是战国时期的燕国,赵就是三家分晋以后的赵国,赵的国都在邯郸,燕国国都就是在北京。大家都知道荆轲刺秦王的故事"风萧萧兮易水寒,壮士一去兮不复还",河北易水,是燕太子丹送别荆轲的地方。提起赵就会想到赵武灵王"胡服骑射"的故事,推行"胡服"、教练"骑射",是为了学习胡人征战的本事,所以赵国在当时一度也成为战国时期一个重要的国家。

济宁是个大码头

山东济宁是一个大码头,有"孔孟之乡""运河之都"的美誉。京杭大运河济宁段自济宁到东平,是鲁运河的一部分,元至元二十年(1283年)开挖完工,俗称济州运河。济州运河的开通推动了会通河与通惠河的兴建,《元史·河渠志》记载"江南行省起运诸物,皆由会通河以达于都。"会通河是在济州运河基础上,北延伸到临清,南直通徐州,开挖的时间是1289年,从此济宁凭借融南汇北的地理优势,成为运河上的"河渠要害"之地,到了元代后期,通过济州河运输的江淮漕米每年多达三十多万石。

济宁辖曲阜市、邹城市、兖州市,还有梁山县、泗水县、微山县等,有很多当地的传统特色美食,比如济宁夹饼、马集烧鸡、邹城川味面条、曲阜熏豆腐、泗水火烧、兖州大烧饼,其中让我印象深刻的是甏肉干饭。

这个"甏"字上面一个姓彭的"彭"字,底下一个砖瓦的"瓦"字，念"bèng"。甏是一种盛放食物的器皿，说白了，甏肉干饭就是瓦罐猪肉。干米饭上面铺着切好的、厚厚的大片猪肉，米饭有两种，一种是大米干饭，山东人喜欢吃白米饭，他们把米饭叫干饭，你去饭馆里别说"来碗米饭"，你得说"来碗干饭"。还有一种叫小米干饭，我那位老祖母虽然在北京生活几十年，很洋派，但她忘不了小时候在山东农村的生活，她还总喜欢做一点小米干饭。甏肉干饭就是在大米干饭或者小米干饭上，来两块大片的猪肉，有点像常见的扣肉，但比扣肉还厚，浇上汁，吃起来特香。甏肉干饭的由来一直可以追溯到明代，属于早年济宁的一道家庭美味，在民间流传多年后开始进入商业化，一些流动商贩把事先准备好的甏肉和大米干饭分别放进两个筐内，用肩挑着，一头是焖好的大米干饭，另一头是炖着甏肉的木炭炉子，走街窜巷，沿途叫卖。

每个地方都有每个地方的特色，济宁有一种传统小食也非常好吃，它叫"托板豆腐"，也叫热豆腐。它是在一块长方形的托板上面，顺着码放豆腐，横切几刀，热气腾腾的豆腐上面浇上一点辣椒酱，吃的时候手托木板，低头弯腰，不用筷子不用碗,与其说是吃豆腐,不如说是"喝"豆腐,站在街口的摊位旁,每个人都大口地吸溜着把豆腐喝到肚子里。济宁托板豆腐的味道非常香,是卤水点的,红辣椒配上白豆腐,红白相间、咸淡相宜,既好看又好吃。但是这个东西说实话是不大卫生的,当年我吃的时候托板不是一次性使用的,就是说你吃完豆腐以后,店家洗了以后下一次托板再盛给别人继续用。现在济宁街上的托板豆腐好像在托板和豆腐之间垫上一层塑料薄膜,卫生条件比以前好,但口感和体验有没有受到影响就不知道了。

济宁地区有一种熏豆腐,是一种介乎于豆腐和豆腐干之间的东西,我在山东邹县吃过一次熏豆腐。那是一次主人宴请,菜肴颇为丰盛,熏豆腐只是一道凉菜。这种豆腐只有一寸见方,有五分厚,表面看去形似豆腐干,吃到嘴里却滑嫩异常,而又没有豆腐那种水质感。熏豆腐略有熏味儿,要蘸着辣椒糊吃方好。一盘熏豆腐吃完,尚未尽兴,主人又让厨房再添一盘,其他菜肴早已忘却,惟有这熏豆腐却给我留下了很深的印象。

过去经常把济宁所辖地称为"孔孟之乡""礼仪之乡",

因为那一带民风淳厚，待人诚实，我自己就有这样的体验。曲阜去过若干次，但是泗水我只去过一次。那年夏天泗水非常炎热，于是就在路口买了些西瓜，到泗水就去看子路桥等古迹，看完出来我发现随身带着的一个照相机不见了，我想不起来丢在哪了，路上找找也没有，我只好坐车回去，到路口我吃西瓜的地方再去试试运气。结果看到卖瓜的人把西瓜全部都卖光了，但他蹲在那个路口不走，手里捧着我那台照相机，他说我想你会回来的，然后把照相机还给了我。我要感谢他，他却什么也不要，大热的天，他卖完瓜在原地就为等我回来取这相机，是可见济宁所属的曲阜、嘉祥、泗水、邹城这一带确实是民风淳厚。

从济宁再往南走，就到了微山湖和枣庄的台儿庄，台儿庄兰陵，属于兵家必争之地。大运河到了微山湖，吃的东西就多了，比如当地讲究吃鳖，也就是甲鱼，他们叫老鳖。微山一带，鳖的做法有很多。除了鳖，微山当地人吃各种的鱼，最有特色一种做法叫微山鱼丸，也叫微山湖漂汤（水）鱼丸，鱼丸是用微山湖里的白鱼或鲢鱼肉做的。可以说，微山鱼丸是一种南方鱼丸的做法，类似的鱼丸沿京杭大运河一路都有，扬州、南京、苏州的鱼丸不叫鱼丸，叫鱼圆。这么来看，微山是南方鱼丸在运河南段的起点，而南方鱼丸在运河南段的终点应该是在杭州，这条线上的鱼丸都好吃，差别不是很大。微山湖漂汤鱼丸不是很大，呈白色，都是手打的，买草鱼丸也行，但千万别买鳜鱼这种贵族化的鱼丸，用鳜鱼做成的鱼丸并不好吃。草鱼去掉骨头，刺也全部去干净，现在用搅拌机打碎，传统用手打一个小时，上劲打出鱼丸。微山的老鳖也有各种做法，比如瓦罐老鳖、砖烧老鳖，还有用农家鸡和老鳖一起炖，取名"霸王别姬"。微山那一带，从前包括水泊梁山、黄天霸都是那里发生的故事，以黄天霸为主的八出戏，叫"八大拿"，比如《东昌府》拿郝文僧、《淮安府》拿蔡天化、《落马湖》拿猴儿李佩，这里面"落马湖"的"落"字写得不对，应该是姓骆的"骆"，骆马湖才对，这个骆马湖就在今天江苏宿迁和徐州之间。从前有一种迷信的说法，说官员不愿意到那里上任，怕"落马"，其实是胡说八道。到了微山这一带，水产很丰富，除了鱼、鳖湖鲜外，湖里还有一些蔬菜，像菱角、芦苇、蒲草等水生植物。从微山再往南行就进入江苏境内的宿迁了。

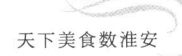

天下美食数淮安

过了宿迁再往南就到了运河的淮安段,到了淮安吃的东西那就多了。淮安当地食物丰富,有一种水生植物叫蒲菜,它是应季的,只有在暮春的时候才生长出来。淮安人讲究,蒲菜用鸡汤来烧,雪白的嫩茎,没有叶儿,像葱白一样粗,做法跟烧葱段差不多,吃到嘴里口感不像另外一种水生植物茭白,而更像白菜帮子,也有点像西洋菜里面的白芦笋。西方的白芦笋用牛奶、鲜奶油烹饪,再撒上西式火腿末,吃上去很糯,香极了,中文名字叫奶油龙须菜。而在淮安,蒲菜会用开洋,也就是海米,或者金华火腿来烹调,烧出来的效果和西式火腿配白芦笋一样,异曲同工。清末民初的淮安籍诗人段朝端曾如此描绘蒲菜,"艳说青泥坊底芹,少时下笔有余欣。春蔬那及吾淮好,入馔蒲芽不论斤。"更有趣的是,蒲菜还出现在小说《西游记》第八十六回的故事里,因为作者吴承恩就是一位淮安人。

蒲菜在外地是买不到的，北方根本吃不到蒲菜，甚至听都没有听说过。吃蒲菜通常是四月到八月这段时间，有一次我秋天到了淮安，在当地总算勉强地吃到了蒲菜，吃完后回宾馆看见小卖部有玻璃瓶罐装的蒲菜在卖，我想买了带回北京，结果当地朋友劝阻了我，他们说加工过的罐装蒲菜和新鲜蒲菜根本没法儿比，就像西湖的莼菜一样，在当地吃和带罐头回北京再打开来吃，体验是完全不一样的。

除了蒲菜，淮安还有"平桥豆腐"，民间的传说又把它和下江南的乾隆帝关联在一起，说乾隆曾挥笔提过"天下第一菜"。这道羹菜之所以能成为淮安菜系的扛鼎之作，除了将豆腐切成菱形小块，配上鸡丁、香菇丁或笋丝，还特别用鲫鱼脑和母鸡汤来调味，那味道当然是独一无二的。

淮安还有一样东西很好吃，尽管别的地方也有，但淮安是全国做得最好的，这个东西就是"茶馓子"，它看起来简直跟金丝一样，细极了。茶馓子通常喝茶时配着吃，柔韧香软，容易消化，入口即化，是淮安菜里的一道名点。

所谓"淮扬菜"，就是淮安菜和扬州菜的组合，但其实淮安和扬州都不满意这种组合，扬州说淮扬菜是扬州的，淮安说淮扬菜是淮安的，现在像是"拉郎配"，非把两家菜往一块推。还有人写错字，把"淮扬"的"扬"写成"阴阳"的"阳"。而"维扬菜"与"淮扬菜"不同，"维扬菜"只是指扬州的菜系，因为今天的维扬只是扬州的一个区，但维扬是古扬州城的发祥地，今天的维扬是扬州的一个别称，也算一种雅称。

和台儿庄一样，淮安的传统鲜味菜肴里也有甲鱼。一般来说甲鱼在淮安是清炖的，而在山东微山湖那一带，包括江苏宿迁一带，甲鱼一般是红烧，在那边他们可能要把甲鱼的裙边烧化了，形成一种胶质。但是和甲鱼相比，淮安人烧鳝鱼的名气可就大多了。淮安人把鳝鱼叫做"长鱼""软兜长鱼"，这可是淮安菜系里的一道传统名菜，在江湖上的名头太响了。整个江淮到江南一带，鳝鱼有各种各样的做法，起出来的菜名也是五花八门，比如烧鳝段（筒）、马鞍桥、炝虎尾、响油鳝糊、炒鳝丝、脆鳝、炖生敲等等，唯有淮安人把鳝鱼烹制得如同婴儿兜肚带一样，软绵滑嫩。

不论是在淮安还是在扬州都曾有人问我，淮安菜跟扬州菜的区别在哪里？我觉得，扬州是一个"千家养女先教曲，十里栽花算种田"的消费性大城市，极度奢华，自隋唐以来就是盐商聚集的地方，虽然东海煮盐晒盐，扬州本身并不出盐，但是扬州盐商一年可以赚到七八百万两银元，不是一般的富有，能营造自己的园子，组建自己的家庭戏班，满世界为自己网罗名厨，必然在饮食上也非常讲究，逐渐地，扬州就演变成一个全国性的饮食文化中心。因此我认为，扬州菜比较精细，口味清淡；淮安菜比较质朴，口味比较浓郁。不过淮安菜更讲究原料的新鲜，在制作的精致度上不如扬州菜。

2021年，淮安被联合国教科文组织评为"世界美食之都"，到目前为止，中国被列入"世界美食之都"的城市共有五个，它们是四川的成都、广东的顺德、江苏的扬州和淮安，还有一个是澳门特别行政区。扬州比淮安早两年获此殊荣。虽然淮安和扬州双方都声称"淮扬菜"里有哪些菜品属于己方，但不可否认，淮安是"淮扬菜"的重要发源地和传承地，至少联合国教科文组织仍然认为淮安菜和扬州菜是各具特色的。

淮安正好在中国南北地理的分界线上，运河南北向流通，淮河东西向流动，版图上的两条河正好在淮安形成了一个十字交叉。南船北马的食客会在这里擦肩而过，天南海北的食材也会在这里碰撞出火花。由于商业的竞争和厨师的创造，清代的淮安竟然出现过"全鳝席"和"全羊席"，令人不可思议，细想又觉得合情合理。在食材众多、菜系各异的中国，南北地域对"鲜美"的认定和追求的标准有很大差异，虽有"羊膻鱼腥"的说辞，但南方人就认定鱼最鲜美，如同北方人就坚持羊最鲜美一样，汉字"鲜"这个字的构成恐怕是双方的妥协或者说包容。而只有在淮安这样一座非南非北又通南通北的城市，才能整出一桌"全鳝席"或者"全羊席"的淮安大菜，通吃南北。

清朝康熙和乾隆南巡对南北饮食文化交流的影响，也是不可忽略的。很多南方包括淮安菜和扬州菜的烹饪方法以及食材跟随乾隆、康熙南巡带回到京城，带到了御膳房，供宫廷内享用，然后又从宫廷传到了北京的民间。所以北京餐饮和运河有着千丝万缕的关联，淮安菜和扬州菜是一起以"淮扬菜"的名义走进北京的，现在两家想把它们分开，只能是两败俱伤，都不得益。严格地讲，淮扬菜系里的平桥豆腐、软兜长鱼、烧蒲菜、白袍虾仁都是正宗的淮安菜，而大煮干丝、清蒸蟹粉狮子头、拆烩鲢鱼头都是地道的扬州菜。当这些菜名出现在一家淮扬菜饭馆的食单上，顾客既没有能力也没有必要来划分哪道是淮安菜，哪道是扬州菜吧。

清末和民国初年的北京餐馆都以一些大饭庄为主，这些大饭庄做的都是京鲁菜，基本上是为一些喜庆、寿诞或者社会活动的大型场面服务。随着社会生活和整个社会形态的改变，这些大饭庄逐渐退出历史舞台，随后涌现出来的是一些相对中型、以味道取胜、以春字为堂号的风味饭馆，那当时真是"十里长安便是春"，比如西长安街上的"八大春"，其中东亚春是广东风味，新陆春、大陆春、庆林春是四川风味，淮扬春是淮扬风味，春园、芳湖春、同春园是江苏风味。加上西长安街还有宣南春、万家春、新南春、玉壶春等一批"春"字号饭馆，这其中大概有六家淮扬饭馆之多。

烟 花 三 月

过了淮安再往南走,经过宝应、高邮,最后到达扬州。扬州这个地方自古繁华,那句"腰缠十万贯,骑鹤上扬州。"的俗语就出自南朝梁文学家殷芸的《殷芸小说·吴蜀人》。扬州在南北朝时经济就发达,到隋唐南北运河开通,扬州转运天下物资,成为媲美长安、洛阳的大都会。这时的扬州集尽了全国最好的美食,那个时候没有上海市,上海只是一个华亭县,归属松江府,如今松江是一个区,上海是一个直辖市,今非昔比。那个时候哪怕南京这样的首都,都不如扬州繁华。有关扬州的繁华,有很多诗词里的描述:"二十四桥明月夜,玉人何处教吹箫""夜市千灯照碧云,高楼红袖客纷纷。如今不似时平日,犹自笙歌彻晓闻。"清代李斗的《扬州画舫录》可以算是一部扬州的旅游指南,几乎无人不知李白"烟花三月下扬州"的名句。

扬州怎么会那么富庶和繁华呢?因为盐。

在中国历史上,除了粮食,盐也是生活的必需品。西汉昭帝始元六年(前81年),霍光召集过一次讨论国家政策的辩论大会,辩论的主要内容是盐铁专营和酒类专卖。这个会后来叫作"盐铁会议",整理出来的会议记录就是《盐铁论》。铁可以制造兵器,人类日常饮食需要摄取盐,所以盐业实施专卖制,由国家垄断。不过自宋朝开始,政府和盐商处于半合作半竞争的状态,到明清时期,清政府规定湘、鄂、赣、徽四省的食盐,都要从两淮盐区运出,由此四省盐商云集扬州,促进了扬州的繁华。运河除了运粮以外,还要运盐,东部沿海地区,从盐城到连云港这一段的海边都是出盐的,正好在淮河附近。海边的盐场,经过煮海、晒盐等过程才能得到盐,扬州不产盐,甚至也不是盐的一个转运地,而只是盐商的聚集地。扬州城里的盐商并不见得是扬州人,很大一部分是安徽人,盐商一年可以赚到七八百万两银子,那可真是一笔富可敌国的收入。

富裕的扬州盐商们在扬州建造了不少园林和住宅,最著名的是"个园"和"何园"。为什么叫"个园"?因为园主偏爱竹子,在园中遍植青竹,竹叶如同"个"字形象,所以

取名"个园"。盐商住宅及其园林在扬州非常多,但遭到毁坏的也非常多。不过最近几年,扬州修缮了一些清末民初盐商住宅,比如"汪氏小园""卢氏盐商住宅""贾氏庭院""廖氏盐商住宅""汪鲁门故居"等。卢氏盐商住宅我去过,这是一个非常大的盐商住宅,客厅用的木材是楠木,所以叫楠木厅,后来被一家食品厂占用。一次厂里炒京果粉的时候失火,整个楠木厅全部烧毁了。卢氏盐商住宅是九进的院落,不过设计很呆板,每一进都一样,不像北京的四合院是四边有房,卢氏盐商住宅却不是,它从北房南房就是一层一层共九层。我在里面吃过饭,现在可以预定,生意挺火,早上六点就有排队的,主营扬州特色的早茶,大煮干丝、蟹黄汤包、五丁包、翡翠烧麦之类,味道不错。

近代扬州有各种各样的点心,比较有名的,也就是后来传下来的"大麒麟阁",他们家的茶食糕点不错,也做茶馓子,但没有淮安做得好;还有京果粉,北京叫江米条,扬州把江米条压成粉,冲面茶来喝。扬州的酱菜也很有名,几乎有上千年历史,老牌酱坊就有三和、四美和五福,合并后的著名品牌"三和四美"酱菜已成为"中华老字号"。

扬州的民间风俗讲究的是早上起来"皮包水",要喝茶;下午讲究"水包皮",要泡澡。扬州有"三把刀":切菜刀、剃头刀和修脚刀。切菜刀反映出餐饮业的繁荣,代表扬州的饮食文化;剃头刀和修脚刀分别代表扬州的美发文化和沐浴文化。毫无疑问,扬州是一座极尽奢华又极尽闲适的可宜居城市。扬州也流行吃早茶,但扬州早茶和广东早茶不一样,虽然品种少,但是很精致。比如包子,扬州是杂花色的,一笼包子里面有八个,每个包子馅儿都不一样,八个包子八种馅儿,枣泥的、豆沙的、水晶的、纯素的、猪肉的、三丁的,各式各样。还有就是豆腐干丝,刀功精妙,口味鲜美,数扬州最有名。

扬州还有一道特色美食叫"扬州老鹅",又叫扬州盐水鹅,和南京"盐水鸭"一样,属于平民百姓的美味熟食,方便快捷。在扬州城里,卖老鹅的摊点遍布大街小巷,而且一年四季,上午十点和下午五点,准时出摊。扬州人吃老鹅如同家常便饭一样,只要想吃或者家里来客,随时下楼上街,在随处可见的老鹅摊即挑即买,回家即食。

淮扬菜里有一道几乎家喻户晓的菜叫"狮子头"。狮子头其实是一道正宗的扬州菜，虽然扬州周边的地方，比如淮安、泰安、宝应等地的饭馆，也都做这道菜。这道菜的全称是"清蒸蟹粉狮子头"，它属于久负盛名的"扬州三头"之一，其他两个头是"扒烧整猪头"和"拆烩鲢鱼头"。

扒烧整猪头在袁枚的《随园食单》中有记载，"烧猪头二法"中的一法实际上就是扬州的"扒烧整猪头"。书中是这样写道："洗净五斤重者，用甜酒三斤；七八斤者，用甜酒五斤。先将猪头下锅同酒煮，下葱三十根、八角三钱，煮二百余滚；下秋油一大杯、糖一两，候熟后尝咸淡，再将秋油加减；添开水要漫过猪头一寸，上压重物，大火烧一炷香；退出大火，用文火细煨，收干以腻为度；烂后即开锅盖，迟则走油。"扒猪头是一道功夫菜，关键在于火功，它的好吃就在于一个"烂"字，要烂到什么程度呢？"焖熟，以整者上，攫以箸，肉已融化，随箸而上。"应了那句扬州民间俗话："火到猪头烂，功到自然成。"

至于那道"拆烩鲢鱼头"，特别要注意的是，鲢鱼有白鲢、花鲢之分，这道菜要用花鲢鱼头，花鲢又称"鳙"，外形似鲢鱼，俗称"胖头鱼"，是中国四大家鱼之一。每当节气进入小雪之后，花鲢鱼脑满肉肥，味道甚佳，整条鱼十斤左右最好，烧这道菜只用鱼头这一半。有人戏言，说扬州菜属于文人菜，一道豆腐菜取名叫"文思豆腐"，很有文化的讲究，"拆烩鲢鱼头"也是如此，它的精妙之处便在于"一拆一烩"，"烩"就是焖炖，需要厨师的高超技艺，"拆"就是卸骨剔刺，食客吃起来少了麻烦，多了文雅。

还是说回狮子头，狮子头分红白两种，红烧狮子头个儿大，一般用砂锅，一个砂锅里面有四个，底下垫黄芽菜菜心，黄芽菜也就是北方说的大白菜。红狮子头要经过油炸，就是过油后再烧，而白狮子头则是清蒸，一般饭馆里是一人一位。狮子头里面的肉，三分肥七分瘦，不是剁出来的，是切出来的，肉里面还要让它有间隙，怎么办呢？就是要用荸荠末，掺在肉里面。

有人会说，北京四喜丸子和扬州狮子头有何渊源？老实说，扬州狮子头和北京四喜丸子没有任何关系，因为狮子头不会像四喜丸子那样，往肉里掺馒头渣或者是豆腐。我太太老怀念她上大学的时候在食堂吃的那种掺馒头渣的丸子，她说，我老吃不着当年我在北大食堂里的那种丸子。从前我有一个姨婆,是我亲祖母的妹妹,做狮子头做得特别棒,所以我父亲管她叫"狮子头小姨娘",就是说,如果我问"是哪个姨娘?"父亲就会回答"做狮子头那个小姨娘。"这位小姨娘她就住在扬州东关街附近。

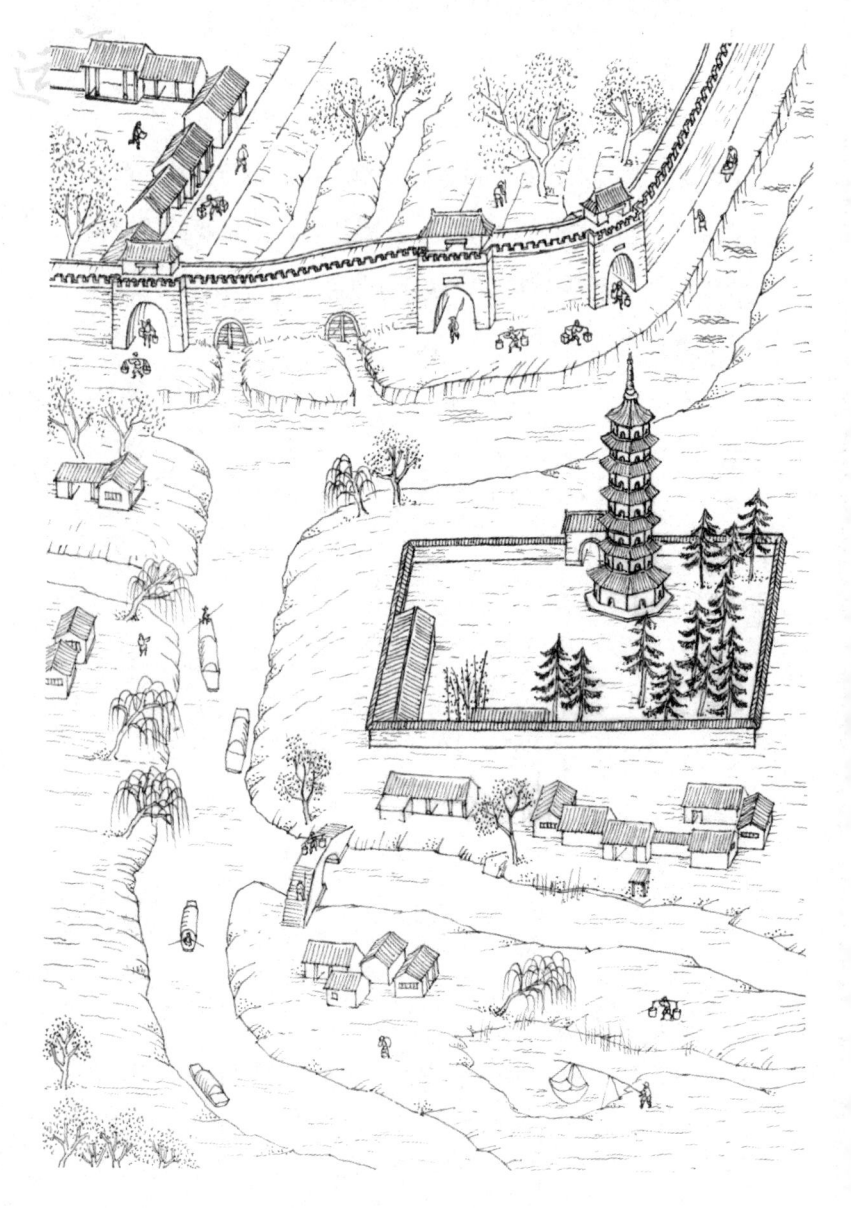

扬州运河三湾图

扬 州 三 春

北京有一家冶春茶社,名字叫"百年冶春",位于平安里西大街国家京剧院的一楼。"冶春"这个名字来自于扬州,在扬州有一个非常传统又知名的"扬州三春",这是三家店名带"春"字的茶社:"富春茶社""冶春茶社"和"共和春茶社"。

"扬州三春"里最有名的是富春茶社。扬州人、淮安人、泰州人有一个很相同的生活习惯,就是早上要吃早茶。吃早茶的地方,全国最好的自然是广东早茶,非常丰富,干点心、湿点心,从蒸食到卤味大约有上百种,扬州、淮安、泰州一带的早茶没有那么丰富,但相对全国其他地方来说算是比较丰富的。扬州富春茶社创立于清光绪十一年(1885年),最早它不是卖早茶的,也不是馆子,而是一个"花局子",就是花店,北京把花店叫作"花局子",花局子里面雇佣的花匠叫"花把式",专门收拾花。古城扬州由"千家养女先教曲,十里栽花算种田"的传统,花市和花事极盛,花店众多,这个富春茶社以前就是一家花店。顾客去富春花店买花也买盆景,逛累了就会坐下来喝茶,于是花店就给顾客预备了茶。后来花店开始上外面去叫些点心回来招待顾客,就着点心喝茶,这样下来,富春花店老板寻思,与其到外面叫点心,不如咱们自己做吧。这样富春花店就干脆把卖花的营生给停了,开始自己专心致志地做点心,点心越做越兴旺,名字也就改成富春茶社。扬州当地人一大早进茶社喝茶,三五成群,富春茶社便成了一个去处。

富春茶社的茶是很有特色的,你到别的地方如果点这个茶是没有的,他们的茶是配出来的,名字叫"魁龙珠"。"魁"是太平猴魁,"龙"是龙井,"珠"是珠兰,魁龙珠是猴魁、龙井和珠兰各取三分之一配出来的茶,别处没有。别人可能会笑话,说茶应该是非常本色的,什么茶就是什么茶,魁龙珠这就是一个杂拌儿茶。因为我不是很讲究喝茶,也不怎么太懂茶,我觉得魁龙珠很好。但是你别让人家笑话,千万别去别的茶社也点"富春魁龙珠",人家会给你脸色看,不屑

于这个杂拌儿茶,也许会说"我们没有这个东西"。

富春的点心也非常有名,他们家的"千层油糕"和"翡翠烧卖"比较出众,号称"扬州双绝"。千层油糕不是煎炸出来的,是蒸的,猪油加白糖,属于发酵类甜点,扬州人吃甜食,细沙包、枣泥包都是甜点,北方人可能接受不了。烧麦的翡翠之色来自于江南人喜欢吃的一种蔬菜,南方人叫青菜,北方人叫上海油菜,需要当天采购当天做,不过夜,菜很新鲜,叶子都是碧绿的,相比于广东早茶里采用菠菜煮成绿汁,搅拌进面皮里而做成的"翡翠虾饺",翡翠烧卖在视觉和味觉上又是一种不同的体验。

今天的富春茶社在扬州的得胜桥,冶春茶社在问月桥附近。根据李斗《扬州画舫录》所述,康熙年间的冶春茶社应该在瘦西湖虹桥的西岸。朱自清先生在《扬州的夏日》里写道:"北门外一带,叫做下街,'茶馆'最多,往往一面临河,船行过时,茶客和乘客可以随便招呼说话,船上人若高兴时,也可以向茶馆中要壶茶或一两种'小笼点心',在河中唱着、吃着、谈着。"文中提到的茶馆应该是冶春茶社,只不过不知道朱自清的此"冶春"是否是李斗的彼"冶春"。

共和春茶社的前身是一家小吃店,历史可以追溯到清光绪初年,正式取名"共和春"应该是 1933 年,是一家以经营虾籽饺面为主的面馆。共和春的饺面是由人工跳压而制成的碱水面,和广州的"竹升面"工艺相仿,只不过竹升面少放或者不放碱水。

扬州是一个消费型城市,早上沏壶茶,晚上泡个澡,所以当地的修脚业、洗浴业非常兴盛。扬州非遗专家管世俊在他主编的书稿《在水一方》里提到,中国沐浴史上迄今发现最早的家庭专用洗澡间出自于扬州汉陵苑,"在广陵王刘胥陵寝中,主墓室西厢第五进为洗浴间,内设完整无损的双耳铜壶、铜浴盆、擦背用的浮石、木屐、铜灯、圆漆浴凳等全套洗浴设施。"书名《在水一方》中的"水"指的是运河之水,运河上劳作的船工、水手,包括青帮,他们晚上都要上岸去泡澡的,白天在船上工作很疲劳,他们要靠泡澡来解乏。

扬州人还有一种特色美食叫干丝,一种是"煮",另一种是"烫"。今天在北京到淮扬馆子点菜,服务员一上来就会给你介绍扬州的"大煮干丝",大煮干丝要用鸡汤来煨,里面放入火腿,还有海米。为什么有些北京饭馆里的"大煮

干丝"做得不地道，就是它用的海米不对，用的是北京的手剥虾仁，也不新鲜，根本不是正宗的味道。模仿一道名菜，不但方法要正宗，食材也不能马虎，否则做出来的东西坏人家名声又砸自己的招牌。即便在扬州当地，真正懂行的人不吃这种"煮干丝"，他一般吃"烫干丝"，烫干丝也叫拌干丝。烫干丝的豆腐干非常重要，富春茶社背后就有好多家卖豆腐干的店家为其供应，都是周边一些私人的小作坊，一般这类豆腐作坊多是安徽人开的，富春从中优胜劣汰，留下好的豆腐干供应店家。因为每个豆腐干都有打着印章，能清楚地知道是哪一家做的，这些供应店之间互相竞争，而质量是保住他们能在富春作为供应店的唯一条件。一片豆腐干要用刀平着片，刀工非常关键，每块片21片到23片，然后再切成细丝，非常有韧劲，豆腐干要做得既不硬又不糟。

大煮干丝是富而好礼的品味之选，比如来了外地客人，当地人做东就会点大煮干丝，当然价钱要贵一些，以示隆重。大煮干丝的食材因为是鸡汤、火腿和开洋，所以又叫"鸡火干丝"。如果客人不来或者不在，当地人自己在茶社天天见，那就不用点大煮干丝，而是叫一份烫干丝。烫干丝也是要用豆腐干来片，前半段的工艺和大煮干丝一样，不一样的操作在后半段。片好的干丝放在笊篱里，下开水锅里那么一烫，烫完后拿出来马上淋上麻油和虾籽酱油，撒上开洋末，特别是，还加一些切成头发丝一样细的姜丝，这就叫烫干丝。烫干丝的价钱比大煮干丝要便宜很多，但是我个人认为反而比大煮干丝好吃。扬州的干丝最有名的要数富春茶社，冶春茶社也卖干丝，但不如富春的。

我在20世纪70年代去过几次冶春茶社，冶春上午是没有点心的，只有清茶一杯，门口立个牌子，"新茶已到"，当地人或者像我这样的游客就可以进去喝新茶，也可以下围棋、读报纸。冶春还有卖报的，坐在冶春茶社里，可以边看报纸边喝茶。到了下午两点多钟才有人挑着担子来卖"重油烧麦"和"黄桥烧饼"，烧麦里面有一点肉丁，猪油很多但是很香，恐怕现在的北方人会觉得太油腻，其实它很好吃，尤其在那个年代。黄桥烧饼分甜咸两种，咸的烧饼里面是葱油，也很香，甜的烧饼里面放了白糖。挑担人来了后，有人买他就卖，没人买他就走，茶社自己不供应别的茶点，冶春茶点的供应一直到改革开放以后才慢慢恢复。

可以看出来，当年扬州的"三春"是服务于不同的阶层，去冶春茶社的，一般是文人雅士，喝茶是为了陶冶情趣；富春茶社提供精致化的点心，喝茶是为了享受美食；共和春茶社服务于普通劳动阶层，喝茶是为了解渴充饥。虽然共和春的茶点非常便宜，但做得其实也不错，他们家的特色点心叫"饺面"，本来以为是饺子加面条，结果端上来一看，里面的饺子其实是馄饨。共和春的饺面，馄饨是和面条是一起下的，点上一碗，既吃到了面条又吃到了馄饨，上面会撒上香葱，淋上麻油。锅贴也是共和春的特色，比较受欢迎的是猪肉馅，一般一两五只起卖，吃的时候一定要蘸醋。因为价钱便宜的缘故，共和春深受普通市民的青睐，即便到今天一碗饺面也才七块钱，早茶吃上两个大包或者二两锅贴，再来一碗饺面，一上午都不会饿。当然，虽然也叫茶社，共和春的茶质相对就比较粗糙。

"扬州三春"可以说是扬州的一大特色宝藏，听上去，它们是茶社，走进去，它们是餐馆，傍着运河，伴随漕运而兴起，把茶文化、食文化和运河文化互相糅合在一起，成为扬州的文化传奇，流芳百世，经久不衰。

杏花春雨话冶春

说起扬州的点心，人们总会想起富春茶社。那里的杂花色包子、虾仁浇头的两面黄炒面、火腿干丝都令人难忘。下午两三点钟，富春已是人满为患，沏上一壶茶，叫一客杂花色或是一碗干丝，无论是在前厅还是后园，早些年吃的内容实质倒是一视同仁。到富春吃点心，点心是很精致的，只是环境喧嚣了些，尤其是品种最齐全的下午（富春上午也卖点心，但以蒸食为主，如大包、杂色包、千层油糕等），座无虚席，过卖穿梭，只能是听而不闻，视而不见，注意力全在味觉上。富春名为茶社，茶在其次，在这种环境中哪里谈得到品茗，我想茶的作用只是为了冲淡口中的油腻罢了。如果真为喝茶，只有在冶春茶社才能做到名副其实。

从城北的梅花岭畔史公祠西行，沿河不远即是冶春园。城北自清代以来，一向是扬州最佳胜之地，据清人李斗的《扬州画舫录》记载,自天宁寺至虹桥一带,茶肆甚多,最著名的有"且停车""七贤居"等。清明前后,游人如织,正所谓"杨柳绿齐三尺雨,樱桃红破一声箫,处处住兰桡"一带。

冶春茶社是临水而筑的草庐水榭,三面环水,倚窗凭栏,水光树色尽收眼底。窗外的河不宽,但可直通到瘦西湖的虹桥,偶尔有小船驶过,划破水面的平静。河的两侧树木葱茏,冶春草庐掩映其中。冶春与闹市近在咫尺,一水之隔,两个世界,真可以说是闹中取静了。

说是杏花春雨,未免早了一些,冶春最好的季节,当在仲春之后绿肥红瘦时。这时江南的新茶刚刚摘下运到,于是冶春门口会立上一块"新茶已到"的牌子,言简意赅,胜于多少广告文字。冶春的茶是好的,在我的印象中,品种并不多,档次亦无高下之分,一律是用带盖的瓷杯沏的,不同于时下一些以"茶文化"为号召的茶艺馆、茶楼,意在茶道、美器上作文章,冶春倒是更为贴近生活些。清茶沏开后,茶叶约占了杯子的三分之二,两三口后即要续水,一只藤皮暖壶是随茶一起送来的,不论喝多少,坐多久,水是管够的。

茶叶确是刚刚采撷下的,碧绿生青,一两口后,齿颊清香,心旷神怡。

四到扬州,除了1966年是在隆冬之外,另外三次都是在水木清华的春天。这三次都到冶春喝茶,大概在那里消磨过五六个下午,几乎每次都赶上春雨霏霏。透过敞开的轩窗,眼前一片湿润的绿,有时是时下时停的雨,有时是似雨似雾的烟。冶春比富春要清静得多,无论什么时间,大多是三分之一的桌子有人占据,且老者居多,或边品茗边阅读书报,或对弈手谈,绝无喧闹之感。四周树木间的鸟语雀鸣不绝于耳,闭目聆听,淅沥的雨声和小船划过的桨声也清晰可辨。

冶春也卖点心,大多是在下午,其品种与富春茶社相比,差得是太远了,大约只有两三种,简单而平民化,质量却很好。最有名的要算是黄桥烧饼和淮扬烧麦了。黄桥烧饼是现做现卖,甜咸两种,甜的是糖馅,咸的是葱油。淮扬烧麦以糯米为馅,有少许肥瘦肉丁和冬菇,皮薄如纸,晶莹剔透。扬州人喜食荤油,馅是重油的。淮扬烧麦比北方的三鲜烧麦个头大,又以糯米充之,加以重油,是不宜多吃的,作为下午的点心,两三个足矣。冶春茶客吃点心的时间,总在午后三四点钟,一杯清茶喝得没了味道,意兴阑珊,腹中略有饥意,于是要上一只黄桥烧饼和两个淮扬烧麦,恰到好处。这时已近黄昏,小雨初歇,便可以择路而归了。

镇江不止有鲥鱼

我第一次路过镇江是 1966 年，但那次没有机会品尝当地的鲥鱼，失之交臂，颇为遗憾。到 1974 年，我从扬州去无锡，那一天正好是端午节。为了游览镇江的金山、焦山和甘露寺等名胜古迹，我并没有走当时已经通车的南京长江大桥那条路线，而是依旧按照没有通车前的路线，从扬州乘车到六圩，再由六圩坐船过江到对岸的镇江。

暮春时节，骄阳明媚，坐在船上，昏昏欲睡，突然被人推醒，一位老妇人在我耳旁轻声问到"要不要粽子？"卖粽子为什么要轻声兜售呢？因为当时尚在"文革"之中，所有的个体商贩及其买卖都是被禁止的，但我人在旅途，需要充饥，便买了两个。眼望长江江水滔滔东去，自己不禁有一种"独在异乡为异客"的惆怅之感。

到岸下船，先游金山寺，再游北固山上的甘露寺，待北固山下来回到镇江市内,天已暮色,腹中的两个粽子早已消化殆尽。那个年代的镇江临街铺面大多是扉门排就,好不容易找到一家规模中等的饭店,倒也灯火辉煌。进店坐下,先问服务员有没有汤包和肴肉?服务员回答两种都有,然后热情地向我推荐一道菜:清蒸鲥鱼。其实因为嫌刺多,我对鲥鱼好感不大,当然囊中羞涩也是我犹犹豫豫的原因之一。大约服务员看出了我的犹豫,继续说道"镇江的鲥鱼很有名气,我给你弄一条小一点的,一个人吃蛮好",正在这个时候,邻桌的一位老先生转过身来跟我说"今日端午,正吃鲥鱼,不可不要。"就这样,他替我做了主,我把肴肉换成小碟的,镇江汤包要了一屉,外加一个清蒸鲥鱼。

肴肉极佳,切成长方形薄片,色泽胭脂红,上面敷上细如发丝一样的鲜姜,咸淡适口,味道在鲜肉和火腿之间。汤包也很赞,只见皮薄如纸,玲珑剔透,吃的时候,一手用筷从笼中夹起,轻提如囊,另一手用瓷勺兜底,慢慢移到自己的小碟里,先咬破一小口,再吮吸里面的汤汁,虽无蟹黄,却已是鲜美无比。再看那盘清蒸鲥鱼,色白如玉,银鳞闪烁,一尺长的鱼身斜切四五刀,嵌入薄薄的火腿片和笋片,四周还围有一圈冬菇，红白黑相间，形色撩人，明亮又洁净。那盘鱼除了少量绍兴黄酒外，几乎没有用更多的作料，完全保持了鲥鱼的鲜美。

鲥鱼其实生活在近海，只有到每年旧历四五月间，才游入长江淡水中产卵，产完再返回海里。因其进出有时，故名鲥鱼。也因为鲥鱼在长江中捕捞不易，数量不多，所以名贵。后来我才知道，长江里的鲥鱼以镇江为最佳，因为这一带江面宽阔，是下游最好的一段水域，鲥鱼出没期间，尤以端午前后最为肥美。

鲥鱼肉质细嫩的原因是其鳞片上含有丰富的脂肪，这种鳞片很薄，遇热则化，因此清蒸鲥鱼不能去鳞，只去鳃及内脏即可，上锅蒸后鳞片化入鱼肉之中，增加了肉质的鲜美。

北宋王安石的别集《临川集》里有篇诗《后元丰行》，诗里写有"鲥鱼出网蔽洲渚，荻笋肥甘胜牛乳"，洲渚是指水中陆地，大的叫洲，小的叫渚。荻笋是芦笋，一种水生植物，嫩茎可食。王安石的诗句描绘的是暮春时节捕捞鲥鱼的情景。无独有偶，和王安石同时代的大文豪欧阳修也在诗文"荻笋鲥鱼方有味，恨无佳客共杯盘"里，大大赞美过芦笋炖鲥鱼的美味。

除了鲥鱼以外，镇江还有很多其他好吃的，比如汤包，今天最出名的汤包在江苏靖江，而在历史上，蟹黄汤包就数镇江的最出名。今天镇江出名的还有香醋，吃螃蟹特别是吃大闸蟹，必须蘸镇江的香醋。不管是多好的螃蟹，你要是蘸山西醋就不正宗了。现在镇江香醋品牌就叫"恒顺"，它是国内食醋行业唯一的上市公司，历史一直追溯到清朝道光年间的1840年。

镇江肴肉也非常有名，从前传统的好肴肉是要用硝来腌制，所以过去肴肉是念"xiáo"（取硝字的读音）肉，腌制肴肉现在不让使用硝了。民国时期徐珂的《清稗类钞》饮食类就写道"镇江人之啜茶，必佐以肴。肴即馔也。凡馔皆可曰肴，而此特假之以为专名。肴以猪豚为之，先渍以盐，使其味略咸，色白如水晶，切之以块，于饮茗时佐之，甚可口，不觉其有脂肪也。"镇江民间饮食民俗有个"镇江三怪"的谚语，第一条就是"肴肉不是菜"，意思是莫把肴肉当菜肴吃，而是当茶点来吃，肴肉要切成片，配上姜丝，蘸镇江香醋，不能蘸酱油。来一壶清茶，叫一盘肴肉，再配一碟香醋，这就是老派镇江人早上去茶馆"啜茶"的传统套餐。

镇江三怪的谚语的后两条是"香醋摆不坏"和"面锅里煮锅盖",一条夸的是前面说到的镇江香醋,一条说的是镇江的另一个著名传统美食"锅盖面"。锅盖面是把锅盖搁在面锅里煮,一般来说,煮面的时候锅盖是盖住锅的,盖面应该大于锅口,但锅盖面的盖面却小于锅口,压住了锅里的面,据说这种杉木制作出来的锅盖能够为锅里的面条增加一种清香,而且煮出来的面条劲道,不易煮烂。

长江三鲜

与京杭大运河交汇的长江及其水系,有丰富的淡水渔业资源,鱼、虾、蟹、螺、蚌、蚬、鳖,各种食材都离不开一个"鲜"字,尤其是咸水和淡水两栖的"长江三鲜",令古今文人食客推崇至极,念念不忘。

长江三鲜之一,是鲥鱼。

1974年我在镇江吃过一次鲥鱼,那时,无论在长江下游哪个城市,大抵都可以吃到鲥鱼,而且价格还不算昂贵。即便在二十世纪八十年代北京的一些高档餐厅里,也可以吃到真正的鲥鱼,但价格已是非常不便宜了。大约是1987年,我在武汉"老通城"还吃过一次鲥鱼,武汉地处长江中游,鲥鱼的品质略逊于长江下游所食的鲥鱼,不过那一天宴会规格颇高,鲥鱼的味道还是蛮不错的,时值春末夏初,也属当令。这可能是我记忆中最后一次吃到真正的野生鲥鱼了。

嗣后也吃过不少次鲥鱼，都属于养殖的非洲鲥鱼，而且价格奇贵。

通常烹制鲥鱼仅有清蒸，几乎别无其他做法。鲥鱼的鳞片中含有大量脂肪，遇热即化，浸入鱼肉，使得鱼肉更加鲜美，与所有烹鱼的方法都迥然不同，其名贵也正在于此。

长江三鲜之二，是刀鱼。

刀鱼亦称"刀鲚"，全身银白色，晶莹剔透，体狭长而薄，酷似尖刀，故得名。野生刀鱼每年春季二三月份由海入江，溯江而上，洄游产卵。刀鱼洄游的过程实际上是脱盐的过程，经过淡水洗涤，刀鱼肉质越来越细腻。刀鱼肉质细嫩，腴而不腻，当令时节则早于鲥鱼，而吃鲥鱼是在端午，已是孟夏了，所谓"春有刀鲚夏有鲥"，讲的都是农历。按节气论，吃刀鱼的最佳时段应该是清明前，清明过后，鱼刺变硬，民间一直有"清明前细骨软如绵，清明后细骨硬如针"的说法。刀鱼属夜行性鱼类，喜在幽暗的地方游动、摄食，只吃小鱼小虾之类的活饵，今天市面上所见的刀鱼大多是湖刀、海刀与河刀，或是引进非洲刀鱼人工养殖，其味道、口感都远远无法和以前的长江野生刀鱼相比。

刀鱼的做法很多，不像鲥鱼只能清蒸。白扒刀鱼、糖醋酥刀鱼、刀鱼扒菜胆等都很有名，但我最喜欢的还是刀鱼面和刀鱼馄饨。20年前，在上海吃过很精彩的刀鱼面，是朋友领我去一家小馆子吃的，好像离襄阳南路不大远，这些年来上海日新月异，恐怕这家小馆子早就不存在了。在其他地方也吃过刀鱼面，但都没有上海的好。刀鱼馄饨吃得更早，20世纪70年代的一个仲春日，在扬州国庆路上的菜馆菜根香吃的，非常不错，后来吃过的都没有太深的印象了。刀鱼面是先将刀鱼去鳞、鳃和内脏，切块儿在热油里炒成鱼松状，再在鸡汤里煮，过滤后调成白汁下面，面要煮得恰到好处，刀鱼汁要浓郁而不黏，那叫一个鲜美无比。说是刀鱼面，其实是刀鱼汤面，我在上海人家里吃过自己做的，也很不错。刀鱼馄饨倒是比较实在，用刀鱼做馅儿，方法也是去掉头尾、鳞、鳃和内脏，剁烂成泥，用蛋清打馅后包成馄饨。我是北方人，不善食鱼，对刀鱼这样刺多的鱼很怕，所以对白扒、清蒸之类的做法不太感兴趣，但是对刀鱼面、刀鱼馄饨倒情有独钟。

长江三鲜之三，是河豚。

"拼死食河豚"。人人皆知，河豚有毒，弄不好是会丧命的。古时，历来朝廷要颁布政令，禁食河豚。康熙年间沿江各府县的府志、县志都有这方面的记载。国民政府和1949年以后卫生部也屡有政令禁食河豚。无论中国还是日本，过去每年都有冒死吃河豚而丢了性命的，最著名的事件就是1975年日本的"当代国宝"、歌舞伎演员坂东三五郎食河豚而死，轰动世界，后来日本也出台了很严格的禁令和相应措施。但另一方面，食用河豚在中国又有着悠久的历史，起码春秋战国时就开始吃了。每到仲春，长江沿岸慕名来品尝河豚的人络绎不绝，尤其是江阴、扬中，更被誉为河豚之乡，珍馐美馔，不知倾倒多少饕客。吴王夫差就曾将河豚的精巢比作"西施乳"。宋代梅尧臣因作河豚诗"春洲生荻芽，春岸飞杨花。河豚当是时，贵不数鱼虾。"竟被称为梅河豚，苏轼的为惠崇题画诗《惠崇春江晚景二首》更是脍炙人口，唐宋以后吟咏河豚的诗词不胜枚举，就连寓居上海的文坛巨擘鲁迅，1932年也在他的《无题》诗中写到"岁暮何堪再惆怅，且持卮酒食河豚。"。

扬中、靖江、江阴三市都可称是河豚美食之乡，三地对河豚烹制技法皆有特色，各有高手，而又有不同，伯仲难分。扬中"长顺河豚馆"的老板是闻名遐迩的河豚烹任大师周长顺师傅，他曾东渡扶桑十余次交流学习，也曾以身试毒并中毒数次，获得了对河豚最直接的了解和最感性的认知，真是很了不起。在扬中所食最高档的河豚便是"长顺河豚馆"的全河豚宴，单是冷盘的河豚就有十几道，其中的卤河豚籽和河豚肝冻最佳，至今回味无穷。热菜和点心二十余道，也无一不与河豚有关，否则何以谓之河豚宴？河豚目也是最具毒性的，但一盘河豚目炖蛋，却是七十五条河豚之目烧成，别具一格。扬中烧河豚历史悠久，街上的河豚馆也比比皆是。有一家做河豚的小馆子，专营河豚火锅，此类烹法，或言是创新罢，不过很有特色。先下河豚，用他们自己调制的作料，蘸而食之，待汤浓似乳，再下秧草。这秧草是江边生长的绿色植物，学名南苜蓿，也属扬中特色，非常清香爽口，河豚肥腻，食后再吃些嫩绿的秧草会十分舒服。

"春江水暖鸭先知"的诗句谁都知道，但不一定都知道与河豚有关。有一次在靖江的晚宴上，有道河豚肝的冷盘，花色拼得不错。因是分餐制的，每人一份，盘面挺大，每只盘子上都有苏东坡为《惠崇和尚题画》的诗句"竹外桃花三两枝,春江水暖鸭先知。蒌蒿遍地芦芽短,正是河豚欲上时。"字写得颇隽秀工丽,乍看以为是印上的,仔细看来,却是手书。我问是谁写的,道是厨师长。于是请出他来,是位非常年轻俊秀的厨师,他说自幼喜爱书法,凡有重要宴会,他都会拿出自己的技艺施展一下。

江阴人烧河豚,一般是红烧、黄焖和白汁,其中红烧河豚最为经典,江阴的仰振华师傅更是名满江南的"河豚大王"。历史上当地人吟咏河豚的诗词就有不少,乾隆时江阴人王苏在外做官三十余载,尤其是在河南卫辉知府任上颇有政声,晚年告老还乡,最得意之事就是自己烹制河豚招待客人,"登盘馈客列几席,百花苦露盈芳樽;老饕下箸声有呻,食罢关膈俱和温"就是他请大家吃河豚的描述。诗中的"百花苦露"是江阴的名酒,最宜与河豚相佐。

"长江三鲜"之鲥鱼、刀鱼和河豚,有一个共同的特点,都为洄游鱼类,生活在近海而诞生于长江。如今野生的长江三鲜都吃不到了,市场和餐馆里的鲥鱼、刀鱼和河豚都是培育繁殖和引进繁殖的品种。直接导致长江三鲜绝迹的原因可

能是生态环境的变迁、水质污染或者热力发电,都在破坏着长江的生态,使得长江里的苔藓滋生,破坏了洄游鱼类的产卵地,一系列生态链因此受到严重的打击,不仅是洄游鱼类,长江里其他淡水鱼也惨遭绝种。人类就是这样的竭泽而渔,饮鸩止渴。

"长江三鲜"已经成为了历史名词,浩浩扬子,生生不息,别了,长江三鲜。

记忆里的观前街

第一次到苏州是1966年11月，那一年我还不到18岁。那时，像我这样的学生是可以身无分文走遍天下的，不过我还是带了五六十元，应该说是很充盈的。苏州当时的车站很小，也很破旧。走出车站，没有几家小店铺可以吃饭。饥肠辘辘，走进一家小馆子，没有几样菜，菜谱都是用粉笔写在小黑板上的。我是第一次出远门，对南方的菜肴也不甚了了，看见一样叫做"一块肉"的菜名，觉得很好奇，于是就点了。果然不错，很像我家做的红烧肉，味道偏甜，但是块头大，就着吃了两碗米饭，也是我初到苏州的第一顿饭。

早就听说过苏州的观前街，当时还是石板路，玄妙观已经被封门，但是观前街仍在，虽然显得萧条，但是一部分店铺也在，只是老字号都被改了名称，起了些没人能记得住的名字。只有经人指点，才能略知一些旧日的景象。

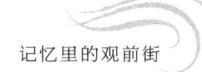

彼时，我仅知道苏州的"采芝斋"，因为以前祖母每年都会托南方的朋友买些采芝斋的粽子糖。至于其他苏州的名店，只是后来才慢慢熟悉起来的。我一向对祖母那些粽子糖的兴趣不大，但是同时寄来的许多苏州梅子、蜜饯，却都很喜欢，也多是采芝斋的出品。这些老字号当时都找不到，但是食品在观前街上却也有的卖。

最令我喜欢的是"卤汁豆腐干"，这是我在北京小时候没有吃过的，当时观前街上有的卖，是用"马粪纸"做的小盒子里装的，湿乎乎的，味道特别醇厚，每盒仅仅一毛钱，印象好像是"苏州人民食品厂"，其实就是昔日的采芝斋。这种卤汁豆腐干给我留下对苏州最初的记忆，至今挥之不去。虽然现在不用去苏州，网上也能购到各种包装的卤汁豆腐干，但是再也找不回那时的感觉了。离开苏州时，还特地买了一些带到去杭州的路上吃，结果到了杭州不久就都长了毛。那时没有真空包装，这东西不能放太久，我想这是我小时候在北京没有吃过苏州卤汁豆腐干的原因罢。

当时的"黄天源"也改了名字，但是苏州人民无论如何糕团还是要吃的，于是部分糕团品种还是保留了下来，只是不见了"黄天源"名号罢了。这些现做现吃的苏州糕团也是以前在北京没有吃过的,五颜六色,煞是诱人,看着就令人垂涎欲滴。

"陆稿荐"也在观前街,同样不见老字号,但是酱汁肉还是有的卖,需要一早去排队。因为彼时卖肉食是需要肉票的,我时间没有赶上,不知是否需要肉票才能供应。

1973年,我第二次去苏州,是因为去看望避难扬州的两位祖母。期间顺便去逛了无锡和苏州。这次去,观前街上已经相对繁华,部分店铺恢复了老字号,可以吃到的东西相对1966年要丰富。尤其是采芝斋的食品,品种也渐渐多起来。当时的观前街还没有展宽马路,东起醋坊桥(临顿路),西至察院场(人民路),全长一里多,而玄妙观和太监弄是最繁华的地区。这个时代已经相对热闹了。记得我独自去吃了松鹤楼,菜确实不错,这是那次到江南印象最深的两家馆子之一,另一家则是南京火车站不远的陆华春了。

20世纪80年代以后,百废俱兴,是令人怀念的年代。再到苏州观前街,已是繁华极盛。1982年,观前街一段改成了步行街,车辆禁行,而人流攒动,熙熙攘攘,很多老字号

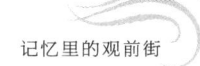

都恢复了本名,恢复生产传统工艺。民营业主在观前街上开设店铺,特色纷呈。

自从80年代中期以后,几乎每年都要到苏州,公务、开会、访友、旅游,除了两次是直奔东山开会,一次是应姚慧芬伉俪之邀到经济开发区参观她的苏绣作品,都没能有机会进城去观前街,此外是每年都要去的。我喜欢观前街上琳琅满目的特色食品,更喜欢那里现做现卖的东西,像采芝斋和叶受和都会在店门口售卖刚出炉的点心,如酒酿饼,隔着几十米就能闻到那酒酿浓郁的香气,馅子有玫瑰的、豆沙的。黄天源现做出的各色糕团也是新鲜的,软软的,与买回到北京是截然不同。不同的时令,会卖应时的糕团,清明前后的青团,夏令的薄荷糕,都是颇受欢迎的。印象很深的是一个卖梅花糕的小店面,现做现卖,永远是门前排长队,没有耐心是吃不到的。

虽然玄妙观有着700多年的历史,但是观前街形成的历史到底有多少年呢?2022年春节前,中国邮票发行部门设计室两位处长来到我家,送来2022年发行计划中的邮票《姑苏繁华图》的设计图稿,征求我的意见。《姑苏繁华图》是乾隆时期苏州画家徐扬的作品,历时24年完成。这是幅很长的手卷,长度达12米,恰是《清明上河图》的一倍。自灵岩山木渎镇开始,东行过横山、渡石湖入姑苏,自葑门、盘门、胥门出阊门外,转山塘桥,至虎丘山止。据统计,画面上有约有一万两千余人,近四百船只,五十多座桥,二百多家店铺。这幅巨作藏于辽宁博物馆,这次是节选若干片段以六枚邮票横幅的形式设计。这次他们来,就是征求我对选材(因全图太长,只能除卷首和卷尾,再选择四幅截图)和设计的意见。虽然我曾观赏过这幅长卷的真迹,但为此还是事先再次浏览了画册。只是很遗憾,虽然似有玄妙观,但并未发现观前街的这段盛景。我想这不应该是作者的忽略,观前街是否在乾隆初年尚未形成?亦未可知。

几十年间,苏州物换星移,人事沧桑,这些都是1966年初冬初次到时所不敢想象的,然而对苏州旧日的景象,总会有些依稀的记忆。此中,最难忘的还是在观前街初次尝到的卤汁豆腐干。

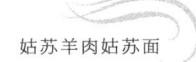

姑苏羊肉姑苏面

苏州是一个人文荟萃的地方,它的美食也名满天下,包括众所周知的松鼠鳜鱼、常熟叫花鸡、阳澄湖大闸蟹、太湖三白(白鱼、银鱼和白虾)等。有意思的是,姑苏这么一个出产碧螺春茶叶、太湖银鱼、阳澄湖大闸蟹的温柔江南鱼米之乡,居然有一款颇有塞北风格的美食,深受当地人喜爱,这就是"藏(zàng)书羊肉"。其实,藏书羊肉并不来自塞北,而是产自苏州市吴中区藏书镇农民放养的山羊,藏书人从事杀羊、烧羊肉、卖羊肉的历史可以追溯到明清时代,1896年,藏书乡人周孝泉到观前街东端的醋坊桥畔,开设了苏州城内第一家堂食羊肉店"升美斋"。冬天苏州人吃羊肉是一种冬令进补习俗,晚清苏州诗人袁学澜曾著有记载吴地风俗的12卷专著《吴郡岁华纪丽》,其中就有对食客寒冬季节到访羊肉店,进食羊肉过程的详细描述,"就食者侵晨群集,茸裘毡帽，扑雪迎霜，围坐肆中，窥食，探庋阁，以钱给庖丁，迟之又久，先以羊杂碎饲客，谓之小吃。然后进羊肉羹饭，人一碗，食余重汇，谓之走锅。专取羊肝脑腰脚尾子，攒聚一盘，尤所矜尚，谓之羊名件。"现在读起来，仍然有现场画面感，好像一众食客围坐大厨案台，一道一道上菜，先小食，后主菜，终以特色"名件"进入高潮。

另一种让天下人折服的苏州美食是面条，面食通常是北方的强项，但苏州把面条做到了极致。苏州面可以有将近一百种浇头，什么昆山奥灶面、枫桥大肉面、爆鱼面、大排面、素浇面等等。最讲究季节的是三虾面，里面是虾脑、虾籽和虾仁，虾一定是河虾，一年只能吃一个季节。我去苏州吃过三虾面，是秋天去的，九十九元一碗，我当时给了两百元，店家很局气，退回一百元，又找零一元。事后苏州朋友说，那个季节不对，吃三虾面应该是春末夏初的时候去。

苏州的面固然好吃，但我个人以为，苏南那一带最好吃的面是常熟破山寺的蕈油面。江苏常熟在苏州北边50公里，由苏州代管。破山寺的正名叫兴福寺，在常熟虞山北麓，唐诗里有句常见的诗，大家几乎所有人都知道，这就是"曲径通幽处，禅房花木深"，写的就是破山寺。蕈油面是用松树蕈为食材，蕈是一种褐色的野生菌，松树蕈是常熟虞山的一种特产，山上松林众多，每逢春秋两季，雨后的地上就会长出许多松树蕈。蕈油面不在寺庙里面，全在寺观的山坡上，每个坡都有平地，大约有二三十家小面馆，都卖一种面，那就是蕈油面。那里蕈油面的价钱从四十元一碗到一百元一碗，里面没有肉，但味道是鲜得一塌糊涂，用江南人形容味道鲜美的惯用语，那是"眉毛鲜掉了"。蕈油是拿蕈和油熬制出来的，加工以后搁在瓶子里密封起来，一百块钱一碗面上铺上一层蕈。

蕈在湖南也有，历史上还有另外一个和蕈有关的故事，那是辛亥革命前夕的清末，追随孙中山的近代民主革命家黄兴在武昌起事的时候，清兵去黄兴家抓他。后来有人考证，清兵抓黄兴那一天正好他过生日，他在后厨为自己做了一碗湖南蕈油面，还没动筷子，清兵就到了，黄兴没来得及吃就赶紧跑，清兵进来后，看见厨房还放着一碗热气腾腾的蕈油面。

湖州莲花庄图

小憩湖州

江南有许多富庶而安静的小城,不但有着悠久的历史人文传统,更可贵的是至今尚保持了一点平和闲适的生活环境,湖州即如此。

今日湖州所辖的面积不小,有三县两区,人口逾百万,但城区却并不太大,且布局紧凑,建筑规整,依太湖而援水;傍莫干而择阴,历来是吴越文化的交会处,也是居浙北而临苏南的典型江南城市。从南浔到湖州,只消五十分钟的车程,却已是古镇与名城的两重不同境界了。湖州灵秀,出过不少与文学艺术有关的性灵之辈,如沈约、张僧繇、陆羽、钱起、皎然、张先、钱选、赵孟頫、王蒙、沈铨诸人以及近现代的沈尹默,而吴昌硕、钱玄同、俞平伯虽分别为吉安、吴兴和德清籍,但以今天的行政区划来说,也算是湖州人了。加上智永在湖州永欣寺苦修三十年,苏轼曾出任过湖州太守,姜夔隐居在弁山的白石洞,说湖州人杰地灵,是一点不夸张的。

湖州的书画家众多,也带来了湖笔的兴盛,因为久慕善琏珊,所以到湖州安顿下来的第一站,即是去小莲花庄旁的湖笔博物馆看看。这座博物馆的仿古建筑倒是歇山卷棚,飞檐翘鱼,与整个城市的风格和谐匹配,展陈布局也算不俗,出来前在博物馆的售品部选了七支中、小楷的狼毫与七紫三羊,回来用用也确实不错。

与湖笔博物馆几步之遥,即是赵孟頫的别业所在——莲花庄了。唐时谓之白苹洲,白居易的《白苹洲五记》即是此地。赵孟頫的莲花庄别业早在清末就废圮荒芜了,八十年代初重新修建的莲花庄是在原址上连接了清代藏书家陆心源的潜园,二者合成了一片,面积不小。园中亭台楼榭,洲屿曲廊,格局布置得当;疏密安排有秩,更兼花木扶疏,诚为较成功的新城市园林。

散步至松雪斋后的敞轩,已近下午六点,临水平台上的茶座行将撤去,抱着侥幸的心理问问可否沏两杯茶?女服务员非常客气地说可以,并让我们随意坐到什么时候都行,如此态度,在北方是不太多见的。两杯新绿,四面汀洲,风和

云淡,气朗神清,于是又消磨了一个小时。湖州有种悠闲的味道,只要不是在特别繁华的闹市,街头巷尾的人都不很多,旧城的改造多采取了苏浙与徽派风格的结合,白墙乌瓦,围栏花窗,让人感到宁静。我们第二天一早也散步到飞英塔,沿途的居民也显得步态安闲,恬然自得。

中午在南浔吃得过饱,晚上只想在湖州吃些点心了,最佳的选择当然是湖州必要尝的三样东西:一是丁莲芳的千张包子,二是诸老大的粽子,三是周生记的馄饨。好在三样小吃的店面都相距很近,不用跑路就能一网打尽了。在莲花庄泡到近七点,才起身去寻这三样美食,斯时已是华灯初上了。

千张包子的始创者名叫丁莲芳,二十多岁时即在湖州集市上卖菜为生,每日半夜起床,趸菜挑来贩卖,十分辛苦。后来看见人家卖牛肉粉丝头、油豆腐粉丝头的,于是想出在粉丝头里加上千张包的办法。这种千张包是用豆腐千张为皮,里面包上精肉、开洋(海米)和干贝,卷包成两寸多长的长方形小包,放在粉丝头的汤里,他的千张包子皮薄汤鲜,里面的精肉是剔过筋后斩碎的,尤其加入了上好的开洋和干贝,味道格外鲜美。丁莲芳开始做千张包子是在清光绪四年

（1878年），当时是每天白天加工，黄昏时挑出去卖，到午夜收摊，总能卖出一百多份，在那个时代已经是很不错了。到了清光绪八年（1882年），已经从摊商成为坐商，在黄沙路开了店，字号就取了自己的姓名，唤作"丁莲芳"。他在摆摊时人缘儿就不错，一旦开了店，老主顾都来捧场。店里明档支起一个大紫铜锅，整天不断煮着粉丝头汤和千张包，热气腾腾，于是名声不胫而走，特地来品尝的络绎不绝。

丁莲芳的成功是能在众多的原有小吃基础上另辟蹊径，他的千张包子在最开始时只是用精肉、笋衣为馅，后来听了别人的意见才加入开洋和干贝的，有了海味自然不同，馅子立时就鲜了许多。又将原来长方形的千张包加大，改为方形的大包，馅子更为充实。其实，江浙一带用千张包肉早就非常普遍，我家的几代女主人都是南方人，这种千张包肉本来就是家常菜肴，不算是什么新鲜的东西。千张不像是面皮容易黏合，故而包好后是要用细线来捆住的，丁莲芳的千张包子也是如此。

多少年前就听说过湖州丁莲芳的千张包子，却没吃过，没想到与家中常吃的千张包肉没有太大的区别。过去江浙人

视粉丝为稀罕物,因此粉丝牛肉汤、粉丝油豆腐就成了平时的点心。丁莲芳于是又变通原来的细粉丝为粗粉,剪成三寸长的粉丝头,吃起来更为便捷。其实对北方人来说,细者称粉丝,粗者则称为粉条了,粗粉倒不如细粉精贵。这就如同大白菜在北方是不值钱的东西,可到了南方就成了比较名贵的"黄芽菜";而茭白在北方被视为细菜,在南方却是遍地可得,但凡茭白有一点儿黑点,就被称之为"灰茭",早就用来喂猪了。丁莲芳千张包子改为粗粉头的底汤,大概也是区别一般南方常见的油豆腐粉丝汤之类。不过,千张包的精彩之处就在于千张皮是他特制的,既不糟不烂,又有咬头,千张包的形制也较大,有别于家中做的样子。

一碗粉丝头汤里只有一个千张包的叫"单件",放两个的自然叫"双件",一般湖州当地人当点心吃,最多要个"双件"。"双件"之外如再加包子,每个五块钱。那日每人先要了个"双件",果然味道很好,尤其干贝清晰可见,绝不是有名无实。粉丝头汤也是骨头汤熬的,虽清爽却有味儿。一时吃的口滑,我竟额外又加了两件。

那天去得太晚,诸老大的粽子已经所剩无几,出名的豆沙粽早就卖光，只剩了几个鸡肉板栗的，赶紧买了两个，与千张包子同啖。这诸老大本名诸大昌，也是小贩出身，后来买卖做得好，于清光绪十三年（1887年）自己开了一家茶食店，店名就叫"诸大昌"，可顾客叫惯了诸老大，对"诸大昌"并不买账，于是干脆又叫回了"诸老大"。湖州离嘉兴近在咫尺，嘉兴粽子是几百年来就出了名的，尤其是嘉兴五芳斋的粽子，远近闻名。诸老大要和嘉兴粽子竞争，确实不易，诀窍就在于他精工细作。诸老大的粽子是细长方形的，紧而不散，无论甜咸，剥开都是油亮的。甜者为玫瑰豆沙，且豆沙多而糯米少，南方的豆沙确比北方的好吃，打皮澄沙后很细，又用猪板油炒过，甜腻适口。诸老大在豆沙中又加了他自制的玫瑰卤，以区别一般所常用的桂花，特色突出。粽子包得恰到好处，即要做到糯米靠近豆沙处不夹生；靠近粽叶处不粘连，这看似简单，做到确也不易。

除了豆沙的，诸老大的咸粽似乎更好，他的猪肉火腿和板栗鸡肉的都是肉质鲜嫩，晶莹红亮，入口不柴不腻，所用的板栗是上好的长兴板栗，都精选过，绝没有发黑变质的。很多年前我就吃过诸老大的粽子，是南边的亲友带来的，因

为诸老大粽子呈细长形,样子特殊,既不同于北方的三角粽,又不同于五芳斋的斧头粽,因此留下了很深的印象。遗憾的是时间太晚,豆沙和火腿的都已卖完,只是吃了鸡肉板栗的,也算不虚此行。

吃了四件丁莲芳的千张包子,一个半诸老大的鸡肉板栗粽,早已是撑得很饱,到了周生记的店里,实在是心有余而力不足了。周生记此时倒是人气蛮旺,看来不少人是将馄饨当晚饭吃的,不像那千张包子和粽子只是当点心,在饭口时间反而过了气。内子不太爱吃海味,所以刚才丁莲芳的千张包子只吃了一件,粽子也仅啖半只,到了周生记却来了精神,要了一大碗鲜肉馄饨,我是眼馋肚内饱,勉强吃了两个馄饨,做得确实是好,不但上海的菜肉大馄饨难以与之相比,就是香港的净云吞也比不上,虽然有些相似,皮子也差不太多,里面又有鲜虾,终不如周生记的更传统。至于北京的"馄饨侯",就更是无法望其项背了。

相比"丁莲芳"和"诸老大","周生记"的历史虽短些,从1940年开业,也有70年的历史了。现在周生记馄饨有七八种不同的馅,但只有最传统的鲜肉馄饨最好吃,皮薄馅大,晶莹透亮，滑润鲜香。肉馅内汁水浓郁，又无肉的腥气，怪不得有"水晶元宝"之称。那里还有油炸馄饨，看着别人在吃，色泽金黄，外皮酥脆，也颇诱人。

湖州的几样小吃至今还能保持着原来的特色和传统，我想可能得益于小城生活节奏的相对缓慢，不像北京、上海这样的大都市，一切都是日新月异，总是希望创新和超前。就连许多手工业和餐饮业也期待着"做大，做强"，希望"规模化"生产，很多传统工艺和美食就是在这样的洪流中渐渐地被淘汰，慢慢地消逝。大都市的外来人口在逐年增长，被服务的对象和群体在"异化"，于是就很难再留下些往日生活的遗迹了。

离几家店不远，就是湖州有名的"衣裳街"，最初形成于宋代，明清时是老湖州城的主要商业街，也是沿河最具传统风貌的古建筑群，过去因有许多估衣店而得名，旧时叫卖估衣之声此起彼伏，热闹非凡，虽距湖州府治不远，又是去往府衙的必经之路，却一直兴盛不衰。只是近百年来随着通衢新商业的繁华，小街才黯然失色，成了阴暗潮湿的危房，我们经过此地时，正在进行着保护性的改造和修缮，外面的

照壁已经造好,颇为精致,远望其中,已见两层的江浙风格古建筑雕梁画栋,老湖州的缩影初露一角。真希望衣裳街不会被搞成城市盆景,而是与小城的历史文化同在,多一些旧日的生活气息。

入夜,从华亭宾馆的玻璃窗前俯瞰灯火阑珊的湖州城,有种静谧与安详之感,浩浩太湖,缓缓苕溪,长菰盈泽不再;人文风物犹存,美哉,湖州。

平湖糟蛋

过了苏州，运河就进入浙江的湖州和嘉兴。嘉兴的物产也很丰富，最著名的莫过于嘉兴肉粽。但嘉兴的鸭子也很有名气，嘉兴有一个区叫秀洲区，秀洲出水产、养鸭子，它的鸭肉就非常好，嘉兴的"文虎酱鸭"就很出名。鸭子多，鸭蛋自然也多，所以嘉兴还有一种特产，那就是平湖糟蛋。平湖糟蛋是当地的一道传统美食，用糯米酒和酒糟来糟渍而成的，通常将鸭蛋洗干净，带皮，糟到蛋皮（壳）都软了为止。

糟是酿酒后的残余物，本来可以废弃的，却被江南人用来烹制美食，物尽其用，也是中国人一大发明。糟作名词用的时候，是指烹饪的作料，而作用动词的时候，则又成了烹饪的手段或者方法。

中国糟食的历史堪称悠久，记得《世说新语》中曾写鸿胪卿孔群嗜酒，王导以盖酒坛的布被酒熏得日渐糜烂为例规

劝他戒酒,而孔群却以糟肉能够久贮而反唇相讥,可见用糟腌制肉类在晋代就很普遍了。《新唐书·地理志》也记载安州安陆郡的著名土贡就有糟笋瓜。糟的食物十分广泛,无论动物或是某些植物皆可以用来糟,江南一带,"糟"是凉菜的一种制法,糟出来的食物叫"糟货",比如糟鸡、糟鱼、糟虾、糟鸭、糟舌头、糟猪尾,消夏凉菜里颇受欢迎的还有糟毛豆。南宋诗人杨万里有"可口端何似,霜螯略带糟",螯就是蟹钳,可见早在宋代,螃蟹就已经用来可以糟食了。《红楼梦》里也提到"糟鹅掌、糟鹌鹑"之类的精致糟味,袁枚在他的《随园食单》中也列有糟肉、糟鸡之类。

　　作为原料的糟大体可分三类,即酒糟、香糟和红糟。所谓酒糟,就是绍兴酒的酒渣,用来糟鸡、糟鱼的,多用的是酒糟,有时也配以其他辅料,加米酒、酒药等。制做平湖糟蛋,用的也是酒糟。香糟可以说是酒糟再制品,我家自制的香糟是从咸亨酒店买来的酒糟,再加绍兴加饭酒和腌制好的的桂花,封在罐中保存,一两年也不会变质,用的时候只取上层的液状物。香糟味甜,酒的醇香也稍淡些,十分适口。红糟大多在闽菜中应用,色泽鲜红,是因为在酒糟中略加红釉的缘故。享誉国内外的福建名厨"双强"是强木根与他的堂弟强曲曲二人的并称,他们就是擅长红糟菜肴的能手。

一般腌制的鸭蛋是硬壳的,但平湖糟蛋却是软壳。鸭蛋糟渍后,蛋壳脱落,一层薄膜裹住蛋体,蛋白呈现乳白色,蛋黄呈现橘红色。这种糟蛋的最大特点是不用烧熟,直接食用,挑破蛋膜后,用筷子或勺子吃,酒香瞬间从口腔蔓延开来,醇香浓郁,回味无穷。这种糟蛋,以前装在陶罐里,现在也有的装在玻璃瓶里。除了平湖糟蛋外,中国还有陕西糟蛋和宜宾糟蛋,和平湖糟蛋不同的是,陕西糟蛋糟的是鸡蛋,宜宾糟蛋是鸭蛋,但不是软壳的。

从前去北京"稻香春"买糟蛋,可以单买一个两个,店家还会给你搭一点点酒酿。稻香春于1916年由张森隆开办,专门卖各种南货,比如广西的冰糖酸;广东的龙虱,又叫"水蟑螂",是一种水生昆虫,腌渍好之后拿油炸了来吃;还有伊府面、火腿、广东香肠和湖南腊肉,当然也有平湖糟蛋。吃糟蛋的时候,无壳,咸口,就着粥吃,特别的香。

临安春笋

某年仲春,有幸陪内子去了一次临安。她的祖籍是临安,但出生在杭州,两岁时随父母来到北京,却从来没有去过临安。先岳父吴震声(京)先生是老一辈的中国煤炭科学家,20世纪40年代在美国宾夕法尼亚大学获硕士学位,80年代被该校誉为"世界最杰出的校友"。他学成归国,一生致力于中国的煤炭能源事业,应该说是从临安走出的名人了。

从杭州到临安不过50分钟的车程,车子快到临安的时候,经过一片很大的水域,陪我们来的内子的两位堂兄说,这就是青山湖。

青山湖其实是一个面积很大的人工湖,地处南苕溪下游的宽谷盆地,本来是丘陵环绕的平原,从1964年开始造湖蓄水,引天目山之水形成了人工湖,他们的祖居早就沉落在这片湖底。青山湖距现在的临安市仅9公里,自从祖居沉落,他们在临安的亲友就搬迁到地势较高的地方,离临安市倒更近了。

说到临安,人们自然会想到南宋的都城,那个"暖风熏得游人醉"的地方,也就是西子湖畔的杭城,那才是真正的临安。高宗为了不忘沦陷的中原,将杭州改名为临安,即临时安居之意。而今天的临安市则是原来的临安、於潜、昌化三县合并而成。临安虽是丘陵地带,但却水网密致,南苕溪、中苕溪、天目溪、昌化溪都流经境内。因为沾了昌化的光,所以临安满街都是卖"昌化鸡血石"的,哪里来的这么多昌化鸡血石?真是匪夷所思。

先在市内参观了五代十国时吴越王钱镠的陵墓,规模不大,门口有块很大的木牌,攀扯上江浙两省钱姓古今名人数十人,钱姓宋元以前确是江南名门望族,这倒是不错的。

临安还有内子八十多岁的堂兄及他的子女,他们都是善良本分的农民。虽然早已离开了老宅,住在离临安不远的乡下,但现在住得都很宽敞。只是仲春时节,乍暖还寒,坐久了真的寒气逼人。因为我们的到来,内子堂兄的几家子女都在厨房忙碌。堂屋的后面就是灶间,案上摆满了乡间的土鸡、腊肉、香肠和各种新鲜的蔬菜。清晨掘春笋,新蔬间黄粱,炊烟袅袅,子侄辈们都在准备着午饭,很热闹,却也很让我们不安。

临安的春笋是出了名的,听说今年那里还举办了春笋节,也申报了"春笋美食之乡",在杭州还搞了百笋宴,经名厨烹制,品种竟有一百多种。我们在临安乡间当然没有那么奢华的口福,只是农家的粗茶淡饭,但春笋之新鲜却绝不亚于百笋宴,那春笋是亲戚们一早现采挖的,用不完的还放在庭院中的筐子里,湿湿的带着露水,淡淡的发出泥土的清香。

临安是"中国竹子之乡",也是著名的"菜竹之乡",春笋之美甲于江南。当地人又将春笋称之为"雷笋",意即每年春雷爆响之后出土的笋,每年春天,成千上万的新笋破土而出,是农民挖春笋最忙的季节。春笋从立春以后即开始掘挖,出笋期大致分三个阶段:初期在二月中旬到四月上旬,中期在四月中下旬,而后期则在五月以后了。中期出土的春笋个头最大,健壮肉多,又无虫害,是最好吃的,我们去时正当逢时,只是那天上午有些阴冷,不如晴天一早挖得更好。

据说要晴天一早挖的笋没有露水，笋壳脱落，质地也软。宋人刘敞有写笋诗，对挖砍竹笋的描述颇为生动："龙孙春吐一尺芽，紫锦包玉离泥沙。金刀璀璨截嫩节，铜钱不与大梁赊。"农人大抵是清晨到竹林里去挖砍春笋，除了自己食用之外，还可以拿到菜市去卖钱。白居易有食笋古诗道："此处乃竹乡，春笋满山谷。山夫折盈把，把来早市鬻。"春笋在北方视为珍馐，价钱不菲，但在南方，尤其是出春笋的地方却很便宜了。

时值中午，堂屋里摆桌吃饭，对于农家饭来说，已经是过于丰盛了，除了土鸡和各色新鲜蔬菜，春笋当是最主要的大菜。一大锅热气腾腾的"腌笃鲜"，随吃随添，实在过瘾。这"腌笃鲜"本是苏帮、杭帮和上海本帮菜都少不了的名菜，也是一般江浙人的家常菜，是用猪肋骨肉和自腌的咸肉切成两寸见方的大块儿，和春笋一起炖出来，色白而鲜亮。春笋本无味，但经鲜、咸肉的煮炖，就更加鲜美了。反之，肉的油脂被春笋吃净，也就一点也不腻了，二者相得益彰，可谓是绝配。做"腌笃鲜"不但不能放酱油和其他的香料，甚至连盐都可以不放，因为咸肉里的盐分经过煮炖，早就溶于汤中，鲜的猪肋肉和春笋吮吸了汤里的盐分，也就滋味全有了。"腌笃鲜"里的笋是主角，在北京的时候，吃到新鲜的春笋不容易，多是做些油焖笋和里脊丝炒春笋之类，要是做"腌笃鲜"，起码要两三个大笋，就算比较奢侈了。每当一锅"腌笃鲜"上桌，最先被抢光的一定是笋。临安乡间人实诚，一只巨大的锅中在炖着"腌笃鲜"，春笋管够，足可尽兴。

新笋是极嫩的，还有些微微的甜，笋质鲜嫩，色泽雪白，从出土、剥箨到入菜、上桌不过几个小时。那春笋是脆的，顶尖部分简直就是酥的，那汤是鲜的，不用任何调味品，原汁原味，鲜得又如此醇厚天然。连汤带笋，吃下去两大碗，刚才的寒气顿消，浑身暖意融融。虽有其他的菜肴，但比起那肥美的新笋，顿时黯然失色了。

饭后，忽然天色放晴，浮云渐散，早就听说过内子祖父在南苕溪上修造的"吴公桥"，既到此，是一定要看一看的。于是子侄辈陪我们步行三四里，去往村外的南苕溪河床。

内子的祖父讳瀛，字步洲，是前清秀才，又通医理，清末民初是乡间医生，兼营药材生意。其实，吴家并非世居临安，是步洲先生的前几代从安徽迁徙至此。步洲先生为人笃厚，急公好义，在乡里也是热心公益的。南苕溪每当夏季水泛，虽不深，却流湍，乡中人往来溪上，必涉水而过苕溪，年年都有被湍溪急流冲走的人。吴公患之，自筹银洋，又在乡中募集善款，终于在苕溪水面最窄的地方修了一座石板桥。从此每逢苕溪涨水，行人再也不会绕路而行，或是涉水而过了。如此泽被乡里、功德无量的善举一直为人传颂景仰，因此即名此桥为"吴公桥"。步洲先生有三子，先岳父第三。步洲先生去世较早，先岳父求学期间不断受到两位兄长的照顾与资助，又被保送去美国留学，这是他一生感念不忘的。后来成就斐然，想来也许是吴公的荫泽。

现存的吴公桥还坐落在苕溪干涸的河床上，桥头有碑，是民国年间立的，虽字迹漫漶，大体还能辨认。碑文记述建桥始末缘由，并有捐助钱财人的名字，吴公领衔，以下数十人众。石碑和桥现已标明为县级文物保护。修桥补路，历来为中国农业社会的传统美德，在中国的无数乡村都会发现这种旧时的遗迹。尤其是宗族社会，乡绅不但是农村的精神领袖，更是造福乡梓的带头人，本来就是很平常的事。不过，经数十年风雨沧桑，吴公桥及碑尚能保存至今，也属不易了。

石桥的四个桥墩上分别雕刻有四只蜈蚣，至今清晰可见，据说一来是为避邪镇秽，使得桥墩永固；二来也是谐音"吴公"，以志存念。干涸的苕溪枯草离离，荒原漫漫，不远处即是青山湖，吴家老屋早已沉沦。只有堤柳青青，毛竹苍翠，还在守望着圮桥残碑。从吴公桥回来的路上，顺道去看看竹林，也就是出笋的地方。竹林在小山坡上，中有杂树，新篁老竹间或其中，也能看到刚破土的新笋。据说挖笋时不能伤害到竹鞭及鞭芽，此外，一处的笋不可掘尽，必须每亩山竹要留五十株春笋做养竹之用，还要间隔有秩，挖笋之后还要立即覆土填平笋穴。每年出笋初期和后期的春笋成竹的概率很小，可以全部采挖，而中期的春笋品质最好，个大健壮，就要留下一部分养竹了。可见即使是挖掘春笋，也是不能竭泽而渔的。

大抵凡是出笋的地方，都是潮湿些的。我在九华山看笋、听笋、食笋都是伴着毛毛细雨的。临安一日，却是阴晴互见，不过走在竹林丛中，就几乎是辨不出阴晴了。"苍翠欲滴"这个词其实很难准确地解释，但要是走在南方春天的竹林里，你就马上会找到这样的意境了。据说天目山里的竹更多更好，尤其是雨后，满山的笋都在蠕动，发出声音，不知道有没有人创作过这样的乐曲，于静谧中去聆听生命之音，也许这就是天籁罢。

杭州拱宸桥图

食风枕河殊

济宁虽然是运河中很重要的一段,但济宁以北的运河老是淤塞,原因是那一段运河四周的水网不是很织密,行业术语叫水资源不够丰富。运河除了和五大河流交汇,它的周围还有很多湖泊,尤其在淮河一带,湖泊的作用非常重要。从济宁往南到台儿庄,到宿迁,再到淮河流域,河流、湖泊和港汊繁多,水体非常丰富,泽国水乡。宿迁往南就有一个中国第四大淡水湖,洪泽湖,它也是一个对运河担负重要调节作用的湖泊,不断地对运河给水和排水。另外,大筑高堰(洪泽湖大堤)是洪泽湖完全形成的决定性因素,因此洪泽湖被认定是一个巨大的人工湖。从淮安到扬州一段,除了洪泽湖以外,运河四周较大的湖泊还有白马湖、高邮湖和邵伯湖,这样才进入扬州境内。这一段水网利用率最高,水面最开阔,而且也是调节运河最灵活机动的一段。

水的丰富带来物产的丰富，不但有很多的水生动物，还有许多可食用的水生植物。比如微山湖的乌鳢、宿迁的甲鱼、盱眙的小龙虾等，洪泽湖湖上有一道船上菜，叫"小鱼锅贴"，此"锅贴"非彼"锅贴"，但鱼却是湖里的各色杂鱼，一二寸长，捞上来，收拾干净就下锅，锅里下面糊，四周贴薄饼，面糊较稀，贴在锅边总要往下塌，所以又叫"活鱼锅塌"。水生植物如湖里长有莲子、藕，都可作为食材，淮安菜里有名的蒲菜原本就是一种野生的水生植物。洪泽县老子山镇的"荷包饭"也是用湖里采来的新鲜荷叶包裹咸鱼、咸肉和米饭。虽然都是水乡，同一种食材甲鱼，十里不同俗，淮安人擅长清炖，而山东微山湖到江苏骆马湖一带的食客更青睐红烧。

一旦运河进入长江流域，水产品就更加丰富，鱼虾蟹螺，应有尽有，鱼米水乡，绝非浪得虚名。每年到了春夏之际，不但河里和湖里水产上餐桌，还有很多海鱼流到长江，比如"长江三鲜"之鲥鱼、刀鱼和河豚，它们从海里洄游到长江产卵，虽然时间不是很长，但捕捞以后都可以成为餐桌上的美味佳肴。除此之外，苏州一带的"水八珍"莼菜、茭白、莲藕、菱角、芡实、水芹、荸荠和茨菰，也都是可食用的水生植物。这些八珍的大部分品种，北到运河山东的鲁南，南到浙江全境，都有生长，也都是当地人喜爱的食物。

运河从宿迁开始一直到杭州，应该说食材是最丰富的，水产品种是最齐全的，整个运河这一区段，从淮扬菜起，到杭州菜终，中间还包括了南京菜、镇江菜、无锡菜、苏州菜、绍兴菜以及后来开埠比较晚的上海菜。上海开埠差不多快有180年的时间，这期间，博采众长，八宝鸭、五香熏鱼来自于苏州，腌笃鲜来自于嘉兴，醉鸡来自于绍兴，在吸收了无锡、苏州、绍兴甚至于淮扬菜系特色后，上海菜演变成大都会式的本帮菜，既浓油赤酱之本色，又海纳百川之创新。

中国的南方和江南不是一个概念，地理上的南方是淮河以南，比如淮安就属于南方。江南或江北由长江划界，扬州属于南方，但身处江北，而镇江、南京皆身处江南。所谓江南，它的地理界定比较复杂，有自然的、行政的、经济的、还有文化上的，总体来讲，淮河以南都是南方，长江以南才是江南。江南是一个物产非常丰饶富足的地方，在江南，不同的时期要吃不同的江鲜、湖鲜和河鲜，比如吃长江刀鱼要

在每年的四月到五月，吃阳澄湖大闸蟹要在每年的九月到十一月。在长江河口一带吃河豚，也是有季节的，"竹外桃花三两枝，春江水暖鸭先知时，蒌蒿满地芦芽短，正是河豚欲上时。"吃河豚应在春季，时间不是很长。

我有过两次奉命考察河豚的经历。一直到今天，国家卫生主管部门，以前叫卫生部，现在叫全国卫健委，他们始终没有吐过口，说河豚可以吃，允许食用，至今没有。但是实际上今天的河豚跟真正从海里洄游到长江产卵的野生河豚完全是不一样的。首先它的食物链发生了改变，河豚本身机体以及他机体的内分泌完全改变了，所以今天的河豚基本上没有什么毒。尽管如此，卫生部也没有吐这个口，所以我们在考察河豚的过程中，都是非常郑重和谨慎的，每次去考察，当地起码有一位副市长参加，市里卫生局、公安局、工商管理局，监察局各个局都有一个副局长在我们对面坐着，都是要签字。到了餐馆，河豚必须有专案、专人、专门的操作间，河豚的毒主要分布在生殖腺、肝脏、肾脏、血液中，少量分布在眼睛、鱼皮等部位。即便将来吐了口，也一定要施行河豚的专卖制度，由专门的店家供应，由专人宰杀收拾。为了考察河豚，我们去了三个地方，第一个是扬中市，就是长江里面的一个岛，第二个是江阴市，第三个是靖江市，与江阴市隔着长江，互为对岸，这三个市我们都逐一考察，店家也确实做得很好，包括处理河豚的专人、专案分工。

因生态恶化而严重影响水生动物繁殖和生存这一现象一点都不乐观，特别是由于内河河流比如长江的水质受到污染，或者因为修建水电站之类的工程，海里洄游长江的鱼类大量减少甚至于完全绝迹，镇江的鲥鱼便是一例。在镇江，野生的鲥鱼已经没有了，现在市面上看到的鲥鱼都是非洲鲥鱼，从一个非常简单的吃法就可以鉴别出鲥鱼到底是野生的还是人工养殖的。传统上，吃鲥鱼必须是清蒸，过去没有红烧鲥鱼的做法，通常吃鱼是要刮鳞的，但鲥鱼鳞是不能刮的，鲥鱼之所以好吃，是因为蒸了以后它的鱼鳞会溶化，化了的鳞渗透在鱼的肉里面，鱼肉才非常肥美，非常鲜嫩，把鲥鱼刮了鳞吃简直是暴殄天物，吃鲥鱼一定要带着鳞清蒸，凡是饭馆里卖的鲥鱼采用红烧做法，它就一定不是野生的。其他像刀鱼和河豚这样的江鲜，今天基本上都是养殖的，而养殖的鱼类和野生的鱼，在口感、味道上那是天壤之别。总之，

镇江没有了野生鲥鱼，淮阴没有了野生刀鱼，扬中没有了野生河豚，食客必须接受这样一个严峻的现实：地球已经发生太多的变化，人类的饮食结构在变化，动物的食物链在变化，鱼类的生活习性在变化，江河湖海也在变化，唯一不变的是"永远在变化"。

从镇江再往南就到了无锡，从吃的口味来讲，无锡菜太甜了，但无锡的卤味非常好。无锡有个地方叫三凤桥，三凤桥的卤味店名字叫"三凤桥肉庄"，味道真不错，我在他们家买过卤味，后来在网上也买过。三凤桥最有名的卤味是无锡酱骨头，当地人叫肉骨头，远在清朝光绪元年（1875年），无锡南门外南长街有一家饭馆叫"莫兴盛"，老板莫佩斋和他两位厨师马发大和惠应桂一起研发出一种排骨的新烧法，这可能是无锡肉骨头最初的原型。到了1927年，无锡商人王云清在三凤桥开办了一家卤味店，叫"慎馀肉庄"。王老板专门聘请了马发大的徒弟蔡杏根来慎馀肉庄做大师傅，蔡杏根和其他几位烧肉师傅，吸收了无锡南北两派烧肉特点，改进并创新了无锡肉骨头的烧法，这样三凤桥异军突起，渐渐名扬天下。除了肉骨头还有脆鳝，做法是把鳝鱼油炸之后蜜饯处理，再就是三凤桥的酱鸭，也非常好吃。

每次去无锡的三凤桥，都要在店里买些熟食卤味带回北京，尤其喜欢那里的酱骨头、酱鸭、脆鳝等，虽然味道甜些，但是确实做得好。这几年没去，想吃了，有人说网上都能买到，于是试着在网上找了一找，果然是有的，然后就买了酱排骨、酱鸭、熏鱼等。但是等货到打开，却是大失所望，并不是人家做得不好，而是抽了真空包装之故。那包装袋子上居然赫然印着"保质期12个月"，实在是匪夷所思。

不过，无锡的小笼包北方人千万要慎吃，因为口味非常甜，北方人恐怕吃不惯。有一次我去上海开会，在上海碰到一位河南籍的年轻朋友，他和新婚的夫人度假，闲聊中谈起南北饮食上的差异，他说他听人说上海的"南翔小笼包"很好，他们俩就去饭馆吃了一回，他们觉得自己是北方人肚量大，两人点了六笼，结果只吃了一笼就再也吃不动了，不是吃不动，而是没法儿接受包子的味道，他说那个包子馅儿里居然有糖！其实我觉得带甜味的馅儿味道挺好的，可是他和夫人完全吃不惯，他们后来把剩下的五笼，每笼各吃一个，然后就放弃了。

无锡是一座京杭大运河穿城而过的城市，与运河渊源深厚。世界上，人工河能够穿城而过的城市并不多，但自然河流穿城而过的倒不少，比如俄罗斯有圣彼得堡的涅瓦河，英国有伦敦的泰晤士河，法国有巴黎的塞纳河，这些城市他们打造得非常好，河流与城市融为一体，成为城市的一张名片。说到巴黎塞纳河，南岸（左岸），北岸（右岸），所谓"左岸有脑，右岸有钱"，那么多文化遗迹，那么多博物馆和艺术遗迹。对无锡来说应该是一个很好的借鉴，无锡因运河而生，因运河而兴，在运河的孕育下形成了"江南水弄堂、运河绝版地"的奇景。运河无锡段有好几座历史悠久的知名桥梁，其中有家喻户晓的有亭子桥、大公桥、清名桥……运河在无锡境内曾经有过50余处寺庙、桥梁和园林。无锡应该很好地利用运河穿城而过的特点，尽量多地恢复一些历史的古迹，更多地发掘无锡的人文景观。

"夜市卖菱藕，春船载绮罗。"是唐代杜荀鹤《送人游吴》中的两句诗，写的是运河上另一个知名的城市苏州。想象一下，画面完全是流动的，岸边夜市小贩叫卖菱藕的声音飘来，河里装载绫罗绸缎的行船划过，这只能出现在城中有水、水中有城的江南水乡。苏州是这样一座名副其实的水城，城内河网交错密布，木船多，石桥多，船埠多，其实就是水多。尤其绝的是，"水"在杜荀鹤另一首《送友游吴越》的两句"夜市桥边火，春风寺外船。"一个字也没出现，但整句说的都是运河之水。中国邮政《姑苏繁华图》的邮票在2022年5月发行了，一套六枚。春节前邮票发行局拿着图稿到我家来征求意见的时候，我主要帮他们把一下关，看一看这套图稿的六个画面选取的是否合适。《清明上河图》的邮票发行前也有这样一个审图过程，但《清明上河图》整个画卷不到六米长，而《姑苏繁华图》有十二米多，长出《清明上河图》一倍，所以审图就是要从这十二米的画卷挑出六段场景。《姑苏繁华图》从木渎镇一直到虎丘山，中间经过了胥门、盘门、胥门三座城门，运河就在三座城门的边上，最后邮票重点展现的是灵岩山、木渎镇、狮何二山、万年桥、阊门和虎丘六段画面的内容。

1966年，我18岁的时候有过一次经历，从苏州乘船走运河去杭州，当时我就是受到张继《枫桥夜泊》那首诗的感染，心想，甭管多辛苦，也要买船票在夜里走运河一趟。记得那天晚上的船是晚上七八点钟开船，票价是6块钱到8块钱，上船的码头在离寒山寺不太远的一个地方，先从市里坐公交车，下车后走到码头，大概一个小时不到。"月落乌啼霜满天，江风渔火对愁眠。姑苏城外寒山寺，夜半钟声到客船。"那一次我就是想体会一下"夜半钟声到客船"的亲身感受，结果那天晚上没有月亮，也没有听到什么寺庙钟声，我买的卧铺船票是大通铺，和鸡鸭鹅挤在一起，一路上我闻到的全是柴油气味。整个航程从苏州到杭州，大概是十二三个小时，船就"嘟嘟嘟嘟嘟"地那么一直走着，第二天早上六七点钟到了杭州的码头。二十世纪，尽管火车和长途汽车已经普及，但内河航运一直都在运营，不论是运河上的还是长江上的，我当年坐的就是这种往返于苏州和杭州之间的客运船，它运营到1979年左右就停运了。

过去苏州最繁华的地方不是寒山寺，而是葑门、盘门和胥门，今天苏州最热闹的商业街是"山塘街"，山塘街的名字来自于山塘河，整条街傍河而建。山塘河西起虎丘东至阊门，河长七里，俗称"七里山塘"。实际上，七里山塘的河水来自运河的一个分支，山塘河是由白居易调任苏州刺史时开凿的,时间是唐宝历元年(825年)。运河给苏州带来了织密的水系,带来了小桥流水人家,也带来了苏州的繁华,带来了山塘街"居货山积,行云流水,列肆招牌,灿若云锦"的市井景象。如今很难想象,假如没有运河,没有七里山塘,今天的苏州会是怎样的一番景象。

苏州东北角有一片很大的水域,那里出品另外一种江苏美食,阳澄湖大闸蟹。阳澄湖一部分在常熟,一部分在苏州,但属于苏州市的水域面积超过了属于常熟市的面积。这种螃蟹学名"中华绒螯蟹",古籍上叫"郭索",但上海、苏州一带叫大闸蟹,明末开始流行食用,会和绍兴黄酒搭配起来吃,吴语方言发音是"杜扎哈"。那为什么叫大闸蟹呢?民间有很多不同的解释版本。首先要明确的是,这里的"闸"跟运河上的船闸没有任何关系,版本一是说,在苏州话里,原来闸蟹的"闸"来自煠(zhá)字的发音,煠是烹调上猛火煮沸的意思。版本二,养蟹的时候不能让蟹老在运动,消耗多了就没有黄了,所以要用闸把蟹围在一定的区域里。版本三的说法恐怕更靠谱一些,"闸"是捕蟹的工具,捕蟹人在河湖靠岸的浅水区,多处插上竹子或者芦苇的栅栏以阻挡鱼虾蟹,这种栅栏叫"簖",洪亮吉《与孙季逑书》里就有"鱼田半顷,围此蟹簖。"一说,捕蟹人利用螃蟹的趋光性,夜晚在簖上置放灯火,螃蟹见到光就往上爬,捕蟹人"守簖待蟹"。这种簖就是闸,个头大的,便叫大闸蟹。常熟阳澄湖的大闸蟹最有名气,离南京比较近的固城湖的螃蟹也不错。其实洪泽湖、高邮湖、宝应湖的螃蟹都不错,买到好的就是好的,不好的就不好,不在于绝对的产地。

到了杭州,运河就到了终点,既是京杭大运河的终点,也可以算是杭甬运河的终点。杭州是非常美的一个地方,人间天堂,当时北宋的词人柳永有一首词《望海潮》,开头是这样,"东南形胜,三吴都会,钱塘自古繁华。烟柳画桥,风帘翠幕,参差十万人家。"把杭州描述得太美了,《望海潮》传到金国后,看到"市列珠玑、门盈罗绮"两句,金国第四任皇帝完颜亮对南宋的大好河山心向往之,遂起"投鞭渡江"之志,要攻占南宋这个好地方。《望海潮》最让人惊艳的是"有三秋桂子,十里荷花",三秋就是到秋末的时候,也叫季秋,应该是农历的九月,西湖南边有一个山谷叫"满觉陇",那一带都是非常香的桂花,"满觉陇旁金粟遍,天风吹堕万山秋。"杭州就是这么一个夏季开满荷花、秋季桂花飘香的城市。除了湖光山色，杭州还留下了非常多的人文景观。唐代白居易、宋代苏轼都在杭州做过地方官，白居易开凿了山塘河，苏轼疏浚了西湖，堆筑了长提，湖中种荷，堤旁植柳，后成为西湖十景之首的"苏堤春晓"，苏轼还为杭州留下"欲把西湖比西子，淡妆浓抹总相宜。"这样的佳句。

每逢三秋，桂香醉人，各种各样的桂花美食也端上餐桌，大街小巷弥漫着桂花甜品的香馥，桂花糖、桂花蜜、桂花汤圆、桂花酒酿……杭州人一直有食桂闻香的传统，泡茶、入菜、酿酒，传统的桂花糕是特色小吃，桂花糯米藕是杭帮菜的代表作之一，更有引领餐饮时尚的店家推出桂花拿铁、桂花酿豆腐、桂花糖醋小排骨等吸引食客闻香而来。

宋嫂鱼羹的故事

"靖康之难"后,宋徽宗、宋钦宗二帝被掳到北国去。宋高宗南渡,选择了临安,就是今天的杭州,作为南宋的都城。虽然是偏安一隅,但是士大夫阶层和贵族还是过着比较奢靡的生活。北宋在开封有一座很有名的酒楼叫樊楼,宋徽宗宣和年间,樊楼曾进行大修,大修后的樊楼被《东京梦华录》描写为"三层相高、五楼相向、飞桥栏槛、明暗相通、珠帘绣额,灯烛晃耀。"可见有多豪华。到了南宋,临安仿照樊楼的形式,又盖了一个很有名的餐馆叫丰乐楼,比起北宋开封的樊楼,南宋临安的丰乐楼更像是一处园林,那首著名的诗句"山外青山楼外楼"里的"楼",说的正是丰乐楼。今天在杭州凤凰山的"中国杭帮菜博物馆"里,还能见到复制出来的临安丰乐楼的模型。

南宋的皇帝虽然很怀念当年故土,也就是北方家乡的一些饮食，但他们也很喜欢南方民间的一些饮食。《东京梦华录》追述和记载的是北宋东京开封府的社会生活，而有关南宋的书就更多了，像《梦粱录》《武林旧事》《西湖老人繁胜录》等，都大量记载了宋代从贵族到平民的社会生活。现代汉语中的有一些词语和成语，就出自《梦粱录》，比如"开门七件事""成家立业"，再比如"月饼"这个词，北宋的时候，皇家叫"宫饼"，民间叫"小饼"，到了南宋，《梦粱录》已经出现"月饼"一词。

据《武林旧事》记载，南宋皇帝宋高宗赵构曾经到自己的大臣张俊家里去吃饭，究竟请皇上吃了什么？详细的食单从最一开始的"看果"到最后的"正式宴席"，《武林旧事》都有详尽记载。这道宴不是由皇上请张俊，而是张俊请宋高宗到自己的府里来吃饭，宋高宗带着秦桧、秦熺、杨存中等亲贵大臣上千人，张俊预备的宴席，正式酒筵上了68道菜，再加上前面的104道开胃菜，宋高宗和他的大臣们在张俊家这顿饭一共吃了172道菜。

南宋的第二个皇帝宋孝宗除了在宫里吃，他还很喜欢民间的一些小吃，叫外卖成了宋孝宗非常喜欢的一个形式，就

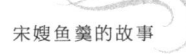

连他外卖叫什么都有记载。其实他也没点什么菜肴,都是小吃类的,比如点一些甜品、羹汤,换换口味。不管怎么说,宋孝宗叫外卖是一个非常有趣的事情。

虽然南渡到临安,南宋皇帝自然希望还能够回到北方的故土,因为对家乡很怀念。有这样一个例子可以说明南宋的皇帝是如何思念自己的故土,今天在杭州饭馆里有一道当地名菜叫"宋嫂鱼羹",到杭州无论是"楼外楼"或者"知味观"都会有这道菜。传说"宋嫂鱼羹"源自南宋,一位姓宋的大妈最开始在杭州卖这种鱼羹,她在湖岸上经常挑着担子叫卖,当然可能还挑着火炉,可以随时加热。有一天,宋高宗泛舟闲游西湖,听到岸上的叫卖声,于是御舟靠近岸边,叫道"你过来,我看看你卖的是什么",随后就弄了一碗尝尝。这一尝,就尝出了杭州一道名菜。老话说,靠山吃山,靠水吃水,杭州西湖,鲜鱼很多,这碗羹汤正是用湖里的鱼做的,口感鲜润嫩滑,宋高宗一尝,觉得这味道很熟悉,为什么熟悉呢?因为很像东京开封府的胡辣汤。所以他吃了以后就说,听你口音不像是临安人,宋嫂说自己是开封人氏,因为金兵入侵,跟着皇上南渡来到临安。吃到她的鱼羹,又听到她的叙述,宋高宗潸然泪下,想起自己的故乡,于是给了她五百贯钱。后来这位宋大妈,自然不再沿街挑着担子卖鱼羹了,自己开起了店铺,专卖"宋嫂鱼羹"。买的人越来越多,皇帝吃鱼羹这个事情就传开了。后来有人专门把这个事情做了一首打油诗,"一碗鱼羹值几钱,旧京遗制动天颜,时人信值来争市,半买君恩半买鲜。"旧京指的是汴梁开封,一碗鱼羹的确值不了几个钱,但它能让皇上都流下了眼泪,大家都来买一碗鱼羹尝一尝,一半是冲着皇上的恩情恩典,一半实际上是对故土的怀念。当然"宋嫂鱼羹"的确好吃,它既有北方胡辣汤的形式,又加上了南方食材元素,比如主料是西湖里的鲈鱼,配料是临安的竹笋、金华的火腿,还有老母鸡汤做底,鲜上加鲜,岂能不鲜美?饮食是流动的,可以跨地区流动,这种流动和运河实际上都有密切的关系,"宋嫂鱼羹"便是一例。

根据史料记载和估算,南宋在临安建都之前,当地人也仅有 7.1 万户,外来移民约有 18.9 万户,占临安总人数的三分之二。进一步的研究发现,移民中的三分之二来自于河南,而河南移民的绝大多数来自东京汴梁。南料北烹，北宋的汴梁菜为南宋的临安菜做出过巨大贡献，除了"宋嫂鱼羹"这样传承自开封的杭帮菜以外，还有西湖醋鱼、叫花童子鸡和杭州小笼包等。

东坡肉和门板饭

杭州有道名菜叫"东坡肉",以北宋大文豪苏东坡的名字命名。四川眉州也有道菜"东坡肘子",看名字也和苏大文豪有关。那么东坡肉倒地是哪里的呢?从历史渊源和文字记载来看,这道菜应该发源于湖北黄州,为什么呢?因为"乌台诗案"。苏轼因为乌台诗案被贬到黄州,时间是北宋元丰二年(1079年)的十二月,责授检校水部员外郎充黄州团练副使,大抵就是个地方武装部的副部长,而且"本州安置,不得签书公事",实际上是在监督之下,当个仅有虚职而无实权的小官。到北宋元丰七年(1084年)的四月他离开时,苏东坡在黄州住了有五个年头的时间。

这五年是他最倒霉的五年,也是他过得十分惬意的五年。苏东坡所有的好东西都出自于那段时期,比如说,东坡肉是在黄州发明创造的,《前后赤壁赋》是在黄州写的,《黄州寒食诗帖》等都是出自于这个五年。我去过黄州，苏东坡公园很大，因为我的腿脚不便，当地宣传部长特别安排一辆电瓶车带我游园，里面苏东坡的遗迹很多。"壬戌之秋，七月既望，苏子与客泛舟游于赤壁之下……举酒属客，诵明月之诗，歌窈窕之章。少焉，月出于东山之上，徘徊于斗牛之间。"所以，苏东坡在黄州处于创作的一个高峰期，什么"大江东去浪淘尽""但愿人长久千里共婵娟"，还有流传后世的"东坡肉"都出自于黄州。

说回东坡肉，黄州当时的猪肉价格极其便宜，远远低于牛羊肉和鸡鸭等，猪肉的价钱是鸡鸭价钱的三分之一，当地人不吃猪肉，视猪肉为草芥，因为"贵者不肯吃，贫者不解煮"，于是苏轼就创造出了一种特殊的猪肉烧法，后来被当地命名为"东坡肉"。苏东坡是四川眉州人，他老家视东坡肉为眉州特色美食，合情合理。苏东坡在杭州做过太守，杭州认东坡肉为杭州名菜，也情有可原，尽管苏东坡还在密州、湖州、汝州、颍州、定州、扬州和惠州做过官。所以说，无论是杭州还是四川眉山的东坡肉都没有黄州的东坡肉渊源正宗，只是在黄州没有真正留下东坡肉做法的传承罢了。

杭州还有一样东西，叫"门板饭"，这种门板饭在杭州的街头巷尾也有很多馆子。为什么叫"门板饭"呢？因为这种馆子粗陋陕小，没有什么桌椅，是露天的，来吃饭的多为挑夫、码头工人、人力车夫、运河船夫。这种馆子的门板是活动的，卸下来之后可当桌子使用，让这些卖力气的人在门板上吃饭。这种做门板饭生意的小馆子，有的做得很好。

曾经，杭州坊间流传过这样一首门板饭的打油诗"竖作门板横为桌，粗粝饭菜饱饥族。自古美味只缘饿，匆匆一餐又劳作"。现在杭州清河坊万隆火腿庄的对面，有家饭馆叫"王润兴"，当年无论是清末还是民国，就是以经营"门板饭"而闻名，他们家的饭菜，做得非常不错。他们家有道名菜"砂锅鱼头豆腐"，传说和乾隆皇帝下江南私游杭州有关，过去这家饭店还挂有一幅对联"肚饥饭碗小，鱼美酒肠宽；问客何所好，豆腐烧鱼头"，就和这个传说有关。当年王润兴二楼是雅座，一楼用两条凳子架上几块门板，门板上再摆满实惠的饭菜，完全服务于贩夫走卒。几年前我曾经带着几个年轻人去杭州王润兴吃过一顿这里的饭菜，六个人不到六百元，菜是好得不得了。现在去杭州打听，知道门板饭的人

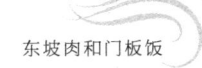

已经快没有了,那种饭就类似于北京的"二荤铺",价钱便宜,很实惠,或者相当于现在的大众快餐。当然了,像"蜜汁火方"这样的高档菜肴,别上门板饭馆子点,得去杭州"知味观""奎元馆"这样的饭店,但虾爆鳝、炒鳝糊、腌笃鲜都可以在门板饭的饭馆里点,腌笃鲜不是用火腿,而应该是咸肉,放百叶结、笋和鲜猪肉,混合在一起,江南人喜欢用"笃"字来表示当锅里的食物开着小火,慢慢地煨或者焖煮的时候,发出"笃笃笃"的声音。

手绘图索引

中国大运河历史分段示意图......6

通州燃灯塔图......22

济宁河道图......39

姑苏桃花坞图......60

临清码头图......82

北京东便门大通桥图......109

天津三岔河口图......150

扬州运河三湾图......174

湖州莲花庄图......206

杭州拱宸桥图......227

后　　记

近些年来，中国大运河成为文化圈里相当热门的一个话题，纵观新闻网站、学术界、博物馆、纪录片频道、书店和图书馆，随处可见大运河在流淌。在众多文化作品里，大运河纵横地理坐标上千里，延展时间跨度数百年，内容更是囊括王朝更迭、漕运沿革、河道治理、城镇兴衰、风物变迁和文化遗存，一时风生水起，洋洋洒洒，包罗万象。

记得 2022 年早春，经宋跃先生力荐和引见，我和杨庆川女士得以登门拜会赵珩先生，我们围绕大运河的话题促膝而谈，畅所欲言，颇有一见如故、相逢恨晚的感觉。畅聊半日，不觉光阴匆匆，直抒胸臆的"问"与旁征博引的"答"，汇聚成一场独具内涵的"精神盛宴"。数次的访谈不仅孕育出一场线下线上同步的讲座，还衍生出一本充满个人经历、别具学者气质的书稿。这一切，为中国水利水电出版社日后向读者奉献一道运河文化"美食",奠定了坚实的基础。

出身书香名门的赵先生年长我整整一轮,虽然此前我们素未谋面,但我对赵先生的修养、学识和阅历早就倾慕许久。此次抵掌而谈,更是令我如沐春风,首肯心折。作为北京燕山出版社原总编辑,先生不但是一位众所周知的美食家,也是研究戏曲史、集邮史和北京风物习俗史的行家。谈起几十年来与运河的缘分,赵先生顺水而行,如数家珍,娓娓道来,如景再现,地点、时间、人物、事件,前因后果,几无遗漏,先生无与伦比的记忆力,特别让我叹羡不已、敬佩由衷。

如同料理美食一样,我很荣幸能参与书稿的整理和加工工作,在先生的肯定与提携下,在杨总和宋会长的多重协助和指导下,书稿将要问世了。全书由四个方面组成,一是来自于先生讲座;二是来自于与先生的对话访谈;三是摘自于先生《老饕漫笔》等四本著作部分文字;四是添加内容,包括背景交待、前后衔接、关联性补充、口语化转换等,新增文字有《古渡古城故栈道》。

若按目录划分,全书为三大篇章。第一章是史料篇,内容涉及运河知识、历史往事、遗产旧迹、沿岸建筑、相关机

构和风土人情等。第二章是文化篇，内容涵盖绘画、戏曲、明清小说、年画和游记，"海运""津浦铁路"等历史事件及相关内容也列入其中。第三章是美食篇，按照由北向南的顺序，自北京、天津、济宁、淮安、扬州、镇江、无锡、苏州、临安，一路到杭州，沿途跨越几大流域，内容包含地域菜系、餐饮特色、个人经历和美食趣闻等。

此书的问世，首先要感谢中华文化促进会美食委员会会长宋跃先生，若无他穿针引线，我便不会结识赵先生，也不会有先生的倾情奉献。其次要感谢中国水利水电出版传媒集团李中锋副总经理、杨庆川副总编辑、刘铭茗编辑，他们谋划讲座、策划出版、审阅书稿、整理讲座录音稿和查证史料，付出了很多精力，体现了出版的专业精神。也要感谢我的老同学、原中国水利学会原常务副理事长顾浩先生，他一生献身水利事业，涉猎丰富、见识渊博，对书稿内容的梳理和考证，给予了许多颇具价值的参考意见。更要感谢我的老同事、中国大运河科学技术史资深专家蔡蕃先生，他不但详尽解答了我的某些专业疑惑，而且无私地提供了一批宝贵的图文资料。最后还要感谢京城史志名家、《大运河文化大辞典》专家组组长谭烈飞先生,他以专业的视角、幽默的口吻倾情作序,为本书添色不少。

"美食"即将出炉,独一无二,有温度,也有深度,记忆绵延,掌故不断。对应纬度上的差异和文化上的浸染,全书不乏诸如北坝南堰、北塔南桥、北驿南塘、北马南船、北曲南戏、北孔南洪、北稷南稻、北羊南鱼、北鲁南淮等桥段,配图看上去有趣,文字读起来轻松,希望读者们喜爱。

河流天下,食美万家。

汪敏

2023年立冬